グローバルな時代を
生きるための

［改訂版］
異文化理解入門

原沢 伊都夫 著

研究社

グローバルな人材をめざす

　多様化が進む現代社会は、異なる人々との共存関係の上に成り立っています。そのような社会では好むと好まざるとにかかわらず、"異文化"を理解する能力が求められます。しかし、本当の意味での"異文化理解"をいったい何人の人が理解しているでしょうか。本書は、異文化との接し方の基本をわかりやすく説明し、それを実生活に応用するためのものです。本書とともに、異文化との正しい付き合い方を考えていきましょう。

はじめに

　本書は、日々の生活で異文化を感じ、それにどのように対処したらいいのかを考えている人に対し、実践的でわかりやすい方法で異文化コミュニケーションのエッセンスを伝えるものです。これまでにも異文化コミュニケーションに関する書籍は数多く出版されていますが、異文化コミュニケーション論の紹介や解説が主な目的であり、その知識をどのように実生活で役立てるのかといった視点で書かれているものはあまりありませんでした。本書では、異文化コミュニケーションの基礎知識を毎日の生活に活用することで、より実践的で有益な学びを深めていきます。

　考えてみると、私たちの周りには異文化があふれています。私たちの生活そのものが異文化コミュニケーションの連続であると捉えることができます。毎日の生活を振り返り、これまでのコミュニケーションを内省することで、新たな視点が生まれ、多くの学びを得ることができます。そこから、本当の意味での異文化理解が始まるのです。

　おかげさまで、本書は初版を刊行して以来、多くの教育機関で採用していただき、異文化理解の入門書として活用されてきました。異文化理解の基本的な考え方は変わりませんが、初版から10年が経ち、社会の変化とともに、古い記述も目立つようになってきました。また、当時はあまり問題とされなかった内容でも現在では不適切となるような箇所が散見されるようになりました。そこで、そのような古い情報や不適切な表現を一新するとともに、現在の情勢に合わせたキーワードも取り入れ、改訂する運びとなりました。

　10年前と比べ、現在では社会の多様性を認め、マイノリティなどの社会的弱者を排除することなく、みんなが共に生きる社会が求められるようになっています。その意味で、本書が主張する「自分以外は異文化」という視点がより重要度を増していると言えます。異文化コミュニケーションの分野では新しい理論も発表されていますが、異文化理解の基本は変わりません。ぜひ本書を通して、異文化コミュニケーションの基礎を身につけ、自分自身のコミュニケーション能力を高めていただきたいと思います。そして、多種多様な人々と対等なコミュニケーションができる、多文化共生社会に資する人材となることを、筆者として心より願っています。

今回の改訂出版にあたり、研究社編集部の濱倉直子さんには初版に引き続き編集・校正作業を担当していただきました。また、漫画家のくりきあきこさんには新しい4コマ漫画の追加をお願いし、イメージどおりの4コマ漫画に仕上げていただきました。お二人には心より感謝申し上げます。

2024年8月　原沢伊都夫

本書の使用にあたって

　本書は、外国人を含めたすべての人との共生において必要不可欠な異文化コミュニケーションの知識をいかに実践的に役立てるかを考えるものです。一般的なテキストのように、異文化コミュニケーション学の理論やトレーニング方法を学ぶのではなく、これらの知識や理論を現実世界の中に置き換え、実際に活用できるようにすることが本書の目的です。

　本書の使用方法は個人で学ぶ場合と大学や社会人講座などでテキストとして使用する場合が考えられます。前者の場合、異文化理解に興味がある、または、個人的に異文化コミュニケーションの知識を深めたいという方が対象となります。自主学習用の書籍として活用していただけたらと思います。後者の場合、⑴大学における異文化関連の一般教養科目や留学生を対象とした「日本事情」科目、⑵多文化共生社会を推進する地域での講習会や勉強会、⑶民間の日本語教師養成機関の異文化理解講座、⑷企業における異文化研修などにおける使用が想定されます。その場合、教師や講師の指示に従いながら、教室の中で異文化コミュニケーションの知識を深めていきます。したがって、社会人、日本人学生、留学生と、どの対象者であっても対応できるような内容となっています。

1. 本書で異文化理解を学ぶ方へ

　本書は、第1章から第15章までの構成となっています。それぞれの章では、初めに異文化理解に関する基礎知識の紹介があり、「確認チェック」「ワーク」「考えよう」という設問によって、異文化コミュニケーションの理論をどのように実生活に生かすのかを考えていきます。

1）確認チェック

　各章で紹介する異文化コミュニケーションの基礎知識を理解するための設問です。具体的な事例に基づく問題を解くことで、理論を実践的に捉えます。

2）ワーク

　各章で扱う内容を体験的に学ぶ活動となります。ドローイング、自己診断、クイズ、ロールプレイ、ブレーンストーミングなどの様々な手法で、楽しく本

書の内容が実感できるように工夫しています。

3）考えよう
　各章の内容を自分の経験とつなげて考えるセクションです。設問の中でも特に重要な部分となります。みずからの経験を振り返り、考えることで、様々な気づきや学びが生まれます。

　これらの設問を補助するものとして、「ヒント」「解説」「考えるポイント」があります。

4）ヒント
　「ヒント」は、問題を解くにあたり、どのように考えたらいいのか、解答の手掛かりを提示しています。問題が難しいと感じる場合は、こちらを参考にしてください。

5）解説
　「解説」では、問題の意味するところを説明したり提示された内容を解説したりしています。また本文の説明も補足しています。

6）考えるポイント
　「考えるポイント」では、読者が本書の内容を自分の体験と結びつけて考えられるように、具体的な事例を挙げています。これらの事例を参考に、各章の内容を自分自身のコミュニケーションの中で考える努力をしてください。

　これらに加えて、各章の始めは４コマ漫画でその章を導入しています。また、章の最後には、「異文化よもやま話」を掲載し、筆者の異文化体験のエピソードを紹介しています。肩肘張らないで、気楽に本書を楽しんでいただきたいと思います。

2．本書をテキストとして使用する教師の方へ
　本書は実用的な学びを目的とする点で、通常のテキストとは異なります。本

書を使って授業や講義を担当する方（本書では教師と呼びます）は、以下の特徴を理解していただくことが重要となります。

１）学習者自身による学び

　教師は異文化コミュニケーションの基礎知識を題材として受講者に提供しますが、それをどのように考え、現実的な学びとするかは、受講者によって異なります。受講者の経験や考え方、生まれ育った環境などにより、物事の捉え方や認識の仕方が千差万別であるからです。<u>受講者の異なるバックグラウンドによって、教室での学びもまたそれぞれ異なることになります。</u>したがって、本書では、教師が一方的に知識を与えるのではなく、教師が投げかける題材について、受講者みずからが考え、自己を内省し、気づきを深めていく態度が必要となります。受講者によって学びが異なることから、１つの決まった答えがあるわけではありません。教師は受講者により多くの学びや気づきを促す補佐役であり、決して答えを教える存在ではないことに留意してください。

２）ピア・ラーニング（Peer Learning）

　学習者による主体的な学びを達成するために、本書の進め方はピア・ラーニングを基本とします。ピア・ラーニングのピアは"peer"（仲間）であり、ラーニングは"learning"（学ぶこと）です。学習者同士の対話を通して、お互いの力を最大限に引き出し、協力しながら学ぶ方法です。本書で紹介される題材について仲間と話し合い、それぞれの経験を共有することで共に学びを深めます。本書で扱う内容は机上の空論ではなく、日常生活と深くかかわりがあることを実感します。そして、自己との対話を通し、内省を深め、自分の考え、ものの見方、さらには、自身の生き方や価値観などを探求していきます。

３）グループワーク（参加型学習スタイル）

　ピア・ラーニングによる学びを効果的に遂行するために、授業内容は基本的にグループワーク（参加型学習スタイル）となります。このスタイルでは、異なる文化に対する捉え方・接し方についてグループ活動やグループ・ディスカッションを通して学んでいくことになります。このスタイルの大きな特徴として、<u>教室活動そのものが異文化交流の場となっている点</u>が挙げられます。大学の教

室であれば、出身地の異なる日本人学生や様々な国からの留学生、地域の講座であれば、年齢も経験も職業も立場も異なる人との交流は、まさに異文化コミュニケーションそのものです。周りの人と意見を出し合い、お互いの意見を尊重し、グループとしての意見をまとめていく作業そのものが、異なる文化との交流の現場と重なるわけです。

このような参加型学習スタイルを通して、受講者は同じ日本人同士でも異なる考え方や視点をもつことに気がつき、一人ひとりの個性や能力を尊重することを学びます。ここでの学びや気づきは、日常生活におけるコミュニケーションに直結しており、多文化共生社会において外国人居住者を含むすべての住民と対等な関係を築いていくという視点につながっていきます。

教師はこれらの特徴を理解した上で、学習者の学びをより効果的に機能させるために、以下の3点に留意して授業や講義を進めていただきたいと思います。

1）学習者が「みずから学ぶ」という意味を理解する

初回の講義では受講者が主体となる学習スタイルであることをしっかりと理解してもらう必要があります。旧来の一方向的な講義に慣れている学生や社会人が多いため、みずから学びを深めていくスタイルに戸惑うことが予想されます。教えてもらうのではなく、学習者自身で学びを見つけていくというスタイルが理解されないと、自分が何をやっているのかわからなくなり、期待される教育効果が半減します。

2）グループは毎回変える

グループは基本的に毎回変えます。そうすることで、教室の参加者全員が知り合うことになり、クラスの多様性を実感するとともに、学習者同士の信頼関係が高まり、クラスとしての一体感が育まれます。クラスでの緊張感から解放されると、自分の個人的経験をグループの他の人に話すゆとりが生まれます。グループの人数は3～4人が理想的です。5人以上になると、全員が話すのに時間がかかり、効率的に情報を共有することが難しくなるからです。また、他の人の話を聞くだけで、グループ・ディスカッションに積極的に参加しない人も出てきてしまいます。毎回新しいグループで気持ちをリフレッシュしなが

ら、お互いに協力して学んでいく環境を整えることが重要になります。

3）教師はファシリテーター（facilitator）に徹する

　教師は教える人ではなく、学習者の気づきや学びを支援するファシリテーターに徹します。ファシリテーターは「（物・事を）容易にする人、世話人」という意味ですが、一般的には、会議やミーティングなどで、中立の立場を守り、参加者の状況を見ながらプログラムを進行していく人のことを意味します。教育現場では、学習者の主体的な学びを側面から援助する人という意味で使われることが多いと言えます。学習者と同じ目線に立つという姿勢も重要です。教師がみずからの体験談を紹介し、そこからの気づきや学びを披露することで、学習者が授業内容を身近な経験と結びつけて考えられるようになります。

　このような学習者の学びを深めるために、感想文を提出してもらうといいでしょう。感想文を読むことで、学習者の様々な学びに触れることができます。教師はそこに書かれた内容に対して、肯定的なコメントはしても、決して否定的なコメントをしません。教師は学習者の気持ちを尊重し、評価しながら、学習者の学びが深まることを援助します。それぞれの学習者の経験やレベルに応じた学びや気づきがあるという立場で、学習者の意見を尊重する姿勢が重要であり、それがより大きな気づきや学びにつながっていくことになります。

　なお、各章に必要な時間は最短で90分、最長で120分を想定していますが、これはグループによる話し合いを含んだ時間です。グループ活動が中心の授業ですので、クラスの規模は最大でも50人ぐらいが限度です。しかし、50人を超える大人数のクラスでも、隣り合わせた人と話し合うなど工夫をすれば、グループワークも可能になります。設問（「確認チェック」「ワーク」「考えよう」）は1人でやるものを除いては、基本的にグループで話し合いながら進めます。時間があれば、グループごとに話し合った内容を発表すると、他のグループの考え方を共有でき、さらに効果的な学習が期待されます。

　巻末の「解答例」では、「確認チェック」の解答例を掲載するとともに、教室での「ワーク」の進め方や本書で扱う事例の文化的背景を説明していますので、ご活用ください。

目　次

はじめに …………………………………………………………………… 4
本書の使用にあたって …………………………………………………… 6

第1章　異文化を理解する …………………………………………… 17
　1．異文化交流の歴史 ………………………………………………… 20
　2．異文化理解の意義 ………………………………………………… 21
　　1）世界における多様化という潮流 ……………………………… 21
　　2）自国における多様化という潮流 ……………………………… 21
　　3）人間的成長の機会 ……………………………………………… 21
　　異文化よもやま話①「偉大なる異文化、ブラジル」 ……………… 25

第2章　文化とは（その1）…………………………………………… 27
　1．文化の氷山モデル ………………………………………………… 30
　2．私の常識、あなたの非常識？ …………………………………… 33
　　異文化よもやま話②「熱狂の町、リオデジャネイロ」 …………… 37

第3章　文化とは（その2）…………………………………………… 39
　1．トータルカルチャーとサブカルチャー ………………………… 42
　　1）誰もが多文化人 ………………………………………………… 42
　2．文化の特徴 ………………………………………………………… 45
　　1）文化は学習される ……………………………………………… 45
　　2）文化は伝達・伝承される ……………………………………… 45
　　3）文化は常に変化する …………………………………………… 46
　　4）文化は規範である ……………………………………………… 47
　　5）すべての文化要素は相互関係にある ………………………… 47
　　6）文化は自文化中心主義である ………………………………… 48
　3．文化的側面に対する個人的側面と普遍的側面 ………………… 50
　　1）文化的側面（Cultural）………………………………………… 50

11

2）個人的側面（Personal） ……………………………… 50
　　　3）普遍的側面（Universal） …………………………… 51
　　　異文化よもやま話③「ブラジルからアメリカへ」 ………… 53

第4章　異文化適応 …………………………………………… 55
　１．U字曲線の適応 ………………………………………… 58
　　　●カルチャーショックとは ………………………………… 60
　２．W字曲線の適応 ………………………………………… 63
　３．らせん型の適応 ………………………………………… 64
　　　異文化よもやま話④「私の異文化適応」 ………………… 67

第5章　シミュレーション ……………………………………… 69
　１．バーンガ（Barnga） …………………………………… 72
　　　1）グループ分け ………………………………………… 72
　　　2）ゲーム全体の説明 …………………………………… 72
　　　3）ルールの説明 ………………………………………… 72
　　　4）ゲーム開始 …………………………………………… 73
　　　5）話し合い（ディブリーフィング） ……………………… 73
　２．シミュレーションの意義 ………………………………… 73
　　　●「バーンガ」を体験するには …………………………… 74
　　　異文化よもやま話⑤「アメリカという異文化」 …………… 75

第6章　違いに気づく ………………………………………… 77
　１．行動による文化の違い ………………………………… 80
　２．視点による文化の違い ………………………………… 81
　３．環境による文化の違い ………………………………… 82
　４．発想の転換 ……………………………………………… 85
　　　異文化よもやま話⑥「シドニーの思い出」 ……………… 88

第7章　異文化の認識 ………………………………………… 91
　１．固定観念 ………………………………………………… 94

12

2．ファイリング ……………………………………………… 95
　3．ステレオタイプ …………………………………………… 98
　　異文化よもやま話⑦「思い込みの大失敗」 ……………… 100

第8章　差別を考える …………………………………………… 103
　1．差別の種類 ………………………………………………… 106
　　1）階級差別 ………………………………………………… 106
　　2）社会差別 ………………………………………………… 106
　　3）人種差別 ………………………………………………… 107
　　4）身体能力や病気などによる差別 ……………………… 107
　　5）その他の差別 …………………………………………… 107
　2．差別が生まれる背景 ……………………………………… 107
　　1）政治的・宗教的制度の導入 …………………………… 108
　　2）ステレオタイプ ………………………………………… 108
　　3）他者との優劣意識 ……………………………………… 108
　3．差別と異文化理解 ………………………………………… 109
　　1）青い目 茶色い目〜教室は目の色で分けられた〜 …… 109
　　2）特別授業　差別を知る〜カナダ ある小学校の試み〜 … 109
　　3）es［エス］ ……………………………………………… 110
　　異文化よもやま話⑧「アメリカの見えない文化」 ……… 112

第9章　世界の価値観 …………………………………………… 115
　1．世界の価値観 ……………………………………………… 118
　　1）個人主義ＶＳ集団主義 ………………………………… 119
　　2）性善説ＶＳ性悪説 ……………………………………… 120
　　3）高文脈文化ＶＳ低文脈文化 …………………………… 122
　　4）モノクロニックＶＳポリクロニック ………………… 123
　　異文化よもやま話⑨「東日本大震災と日本人」 ………… 127

第10章　異文化トレーニング …………………………………… 129
　1．異文化トレーニングの種類 ……………………………… 132

1）ケーススタディ ……………………………………… 132
　　2）DIE メソッド ………………………………………… 133
　　3）カルチャー・アシミレーター（Culture Assimilator） ……… 135
　　4）ロールプレイ（Role-play） …………………………… 137
　　5）シミュレーション（Simulation） ……………………… 138
　　異文化よもやま話⑩「"Great"なオーストラリア」 ………………… 139

第11章　異文化受容 …………………………………………… 141
　１．異文化受容のプロセス ………………………………… 144
　　1）自文化中心の段階 ……………………………………… 144
　　2）違い（見えない文化）に気づく段階 ………………… 144
　　3）文化を相対的に見る段階 ……………………………… 145
　　4）新しい文化を取り入れる段階 ………………………… 145
　　5）新しいアイデンティティが確立される段階 ………… 146
　　●異文化受容の５つのステージ ………………………… 147
　　異文化よもやま話⑪「ブラジルの恋愛事情」 …………………… 151

第12章　自分を知る …………………………………………… 153
　１．ジョハリの窓 …………………………………………… 156
　　1）４つのタイプ ………………………………………… 157
　　●あなたはどんな人？ …………………………………… 160
　２．いいとこさがし ………………………………………… 161
　　異文化よもやま話⑫「異文化理解の原点、男と女」 ……………… 164

第13章　非言語コミュニケーション ………………………… 167
　１．非言語コミュニケーションの重要性 ………………… 170
　２．非言語コミュニケーションの種類 …………………… 172
　　1）身体動作 ……………………………………………… 173
　　2）身体的特徴 …………………………………………… 173
　　3）接触行動 ……………………………………………… 173
　　4）パラ言語 ……………………………………………… 174

5）空間 …………………………………………………………… 174
　　6）人工品 ………………………………………………………… 174
　　異文化よもやま話⑬「オーストラリアと動物」………………… 177

第14章　アサーティブ・コミュニケーション …………………… 179
　1．自分のスタイルを知る …………………………………………… 182
　2．アサーティブ・コミュニケーション …………………………… 185
　　1）アクティブリスニング ………………………………………… 185
　　2）オープンエンド型の質問 ……………………………………… 185
　　3）わたし文（アイ・ステイトメント）………………………… 186
　　4）共感のアサーション …………………………………………… 186
　　5）相違を明らかにするアサーション …………………………… 186
　　異文化よもやま話⑭「異文化を受け入れるためには」………… 189

第15章　多文化共生社会の実現に向けて ………………………… 191
　1．多文化共生社会 …………………………………………………… 194
　　1）マイノリティの種類 …………………………………………… 194
　　2）マイノリティ住民への取り組み ……………………………… 195
　2．性の多様性 ………………………………………………………… 198
　　1）性のあり方 ……………………………………………………… 198
　　2）性的マイノリティ ……………………………………………… 199
　3．ダイバーシティ＆インクルージョン …………………………… 202
　　1）表層的／深層的ダイバーシティ ……………………………… 203
　　2）不変的／可変的ダイバーシティ ……………………………… 203
　4．多文化共生社会に参画する ……………………………………… 205
　　異文化よもやま話⑮「私と異文化コミュニケーション」……… 208

注 ………………………………………………………………………… 211
参考文献 ………………………………………………………………… 213
解答例 …………………………………………………………………… 217
索引 ……………………………………………………………………… 244

第1章

異文化を理解する

母の日

　第1章では、"異文化理解"そのものについて考えます。そもそも、"異文化理解"における"異文化"とはどういうものでしょうか。どうして私たちは"異文化"を理解する必要があるのでしょうか。異文化交流の歴史とともに、"異文化理解"の意義について考えます。

1. 異文化交流の歴史

　異文化といってすぐに思い浮かぶのは外国文化のことでしょう。私たち日本人と外国文化とのかかわりには長い歴史があります。4〜5世紀頃から中国や朝鮮との交流が始まり、古代までに土木、建築、金属加工などの技術や漢字、儒教、仏教などの文化が日本に伝わりました。このような外国文化の影響の下で、初期の日本国家は形成されたと言えます。中世になると、ポルトガルやスペインから鉄砲、火薬、時計、ガラス、キリスト教などのヨーロッパ文化がもたらされ、特に鉄砲と火薬の伝播はそれまでの伝統的な武士の戦いに大きな変化を引き起こしました。その後、江戸時代（近世）は鎖国政策を取りましたが、明治時代（近代）に入ると政府は欧米の進んだ文化や技術、政治制度を積極的に取り入れ、近代化を推進しました。このように日本は外国という異文化から多くのことを学び、取り入れ、発展してきたと言えます。

　一方、視点を変えて、世界の交流の歴史を眺めてみると、それは戦争と侵略の歴史であったと言えるかもしれません。力の強い国が弱い国を侵略し、搾取し、強い国の文化を押しつける、そのような歴史が繰り返されてきたとも言えます。日本でも豊臣秀吉が朝鮮に出兵したのをはじめ、明治維新後は、中国やロシアと戦争を起こし、東南アジアに侵攻した結果、太平洋戦争を引き起こしました。第二次世界大戦後の世界は、二度とこのような悲惨な戦争を起こさないために国際連合を設立し、平和で安全な世界の実現をめざしました。21世紀に入り、世界の国々の結びつきは以前にもまして緊密になっています。新型コロナウイルスの流行に代表されるように、一国の出来事はその国だけにとどまらず、世界中に波及します。相互共存が必要な時代に入ったわけです。

　では、現在では、過去に起きたような悲惨な戦争はなくなったのでしょうか。残念ながら、答えは"No"と言わざるをえません。昔のような多くの国を巻き込んだ大戦争は起こっていません。しかし、相変わらず、地域での戦争はなくならず、一国の中での部族・民族・宗派間の紛争も絶えません。たとえば、ロシア・ウクライナ戦争や中東におけるイスラエルとアラブ諸国との対立、アフリカの国々での部族間の抗争、アフガニスタンやイラクなどの内戦がそのような例です。これらの事実が、国や民族、宗教間の異文化理解がいかに難しいかを物語っています。

2. 異文化理解の意義

このように国や民族、宗教間の関係には難しい現実が存在しますが、そのような紛争とは直接関係のない私たちが「異文化理解」を学ぶ理由には、次のような理由が考えられます[1]。

1）世界における多様化という潮流

交通機関の発達とともに、メディアやコンピューター、携帯電話をはじめとする通信手段の飛躍的な発展により、私たちの住む地球という世界は確実に狭いものとなってきています。このような情報社会において、自国の価値観だけで生きるということは、世界で孤立することを意味します。政治的にも、経済的にも、教育的にも、世界に通用する多様性を身につけることが現代を生きる私たちには必要不可欠な要素となってきているのです。

2）自国における多様化という潮流

世界中の国々には多くの異なる人種が存在し、多様な社会を構成しています。日本のような単一的な国家でさえ、外国人居住者数は毎年増え続けています。多くの地方自治体にとって、多文化共生という言葉は未来に向けてのスローガンではなく、現実的な姿として捉えられるようになっています。教育の世界でも1983年にはわずか1万人だった留学生数は2002年に10万人、2019年に30万人を超え、さらに2023年には40万人の受け入れ目標（2033年まで）が設定されました。もはや外国人との共生を抜きにして、私たちの生活を語ることが難しくなってきているのです。

3）人間的成長の機会

異文化を理解するということは、異なる人々の存在を認め、そのような人々の考え方を理解し、受け入れていくことにほかなりません。そのためには、柔軟な姿勢と広い視野が求められます。異文化を受け入れることは、偏った見方を改め、私たちを新しい世界へと導いてくれます。多様な価値観を認めることで、物事に対する多角的なアプローチが可能となり、多くの困難を乗り越える知恵や能力が備わることになるわけです。

<確認チェック１>

　ここまで、異文化について外国という視点で説明してきましたが、実は異文化は外国だけにかぎられるものではありません。私たちの身近な存在にも異文化はたくさん潜んでいます。では、皆さんにとっての異文化とはどのようなものでしょうか。以下の中から、自分にとって異文化に属すると思われる人を選んで、チェックしてください。

☐両親　☐在日外国人　☐兄弟　☐他府県の人　☐同級生　☐先輩や後輩
☐親友　☐アジア人　　☐異性　☐欧米人　　　☐同郷の人　☐異なる職業の人

　皆さんはどのような人を異文化と捉えましたか。「在日外国人」や「アジア人」や「欧米人」でしょうか。それとも、「他府県の人」や「異なる職業の人」なども含めたのでしょうか。

解説

　実は、ここに挙げた人はすべてあなたにとって異文化だと考えることができます。文化が異なるというと、一般的には、国、民族、言語などの異なる集団のことを思い浮かべることが多いでしょう。しかし、同じ言語を話す同国人であっても、年配者と若者、男性と女性、都会人と田舎の人、サラリーマンと自営業者など、世代、性、出身、職業などの違いによって、その考え方や価値観には様々なものがあります。また、一番身近な存在である親や兄弟であっても決して同じ考え方をするわけではありません。親子げんかや兄弟げんかがそのよい例です。ましてや夫婦はまったく異なる家庭環境に育っているわけですから、異文化そのものであるとも言えます。このように考えると、私たちの周りは異文化であふれていると言っても過言ではありません。換言すれば、自分以外の人はすべて異文化であると考えることができるわけです。

　このことから、異文化間の交流は周りの人とのコミュニケーションそのものであると考えることができます。つまり、異文化理解とは自分以外の人を理解するという意味になるわけです。異文化というと、どうしても私たちは外国人

のことをすぐに思い浮かべますが、私たちの身近にいる人を理解することが異文化理解の第一歩であると気づく必要があるでしょう。異文化間のコミュニケーション能力を高めることは、身近な人を含むあらゆる人々との軋轢（あつれき）やそれによって生じるストレスを軽減し、より快適で充実した日常生活へと私たちを導いてくれるのです。

ワーク1　他者とのコミュニケーションは自分のことを相手に知ってもらうことから始まります。一般的に自己紹介は言葉によって行われますが、ここでは、白い紙にマジックやクレヨンを使って自分のことをアピールしましょう。何を描いてもかまいません。あなたはどのように自分自身を表現しますか。参考に筆者の描いたものを紹介します。

("smell the flowers" とは、「花の香りを楽しむように、心にちょっとしたゆとりをもつ」という意味です。私も春夏秋冬のそれぞれの季節を楽しみ、ちょっとしたことにも幸せを感じられる生き方をしたいと思っています。)

では、あなた自身のことを、以下の白い紙の中に自由に表してみましょう。

|解説|
　言葉ではなく、視覚に訴える方法での自己紹介です。普段の自己紹介とは違う自分の一面が出ますので、1人でやってみても興味深いと思います。教室でやる場合は、紙に描かれた自己紹介から参加者一人ひとりの個性を見つけることができます。教室全体が異文化の集まりだと認識することができるでしょう。

異文化よもやま話 1

偉大なる異文化、ブラジル

　私にとって初めての外国はブラジルでした。大学卒業を間近に控え、将来の進路を決めかねていた私は、就職活動をすることもなく、無謀にもブラジル行きを決めたのです。理由は、父の友人がいる、ただそれだけでした。大学時代から外国に行ってみたいという強い願望がありながら、大学でのサークル活動（マジッククラブ）に熱中し、在学中に海外に行く夢を果たせませんでした。一度でいいから日本を出てみたい、そんな気持ちが、ブラジルに来るなら俺が面倒をみてやるという父の友人の一言に揺り動かされたのです。

　初めての異国の地、ブラジルの印象は今でも強烈に私の心の中に残っています。開港したばかりの成田空港から、ロサンゼルス、リマを経由して、リオデジャネイロに着いたのは、日本を出発してから28時間後でした。迎えの人の車に乗りながら見たブラジルの第一印象は赤い大地でした。日本とはまったく異なる風景を眺めながら、地球の裏側に自分はいるんだという実感をかみしめたものです。

　ブラジルでの生活は毎日が異文化との遭遇でした。交差点ですれ違いざまにバンと音を立ててぶつかった2台の車が何事もなかったかのように走り去っていきます。路上駐車した車と車の間隔を自分の車のバンパーをぶつけてこじ開け、その間に平然と駐車します。ゴミは外であればどこでもポイ捨てが当たり前。極めつけは12月末の仕事納めの日で、オフィスの入ったビルというビルの窓から不要になった書類がバサバサ捨てられます。町中に書類の紙吹雪が舞う光景は驚くというよりも圧巻です。

　日本とブラジルは何もかもが対照的です。ブラジルとの時差は12時間、日本の朝9時がブラジルでは夜の9時という具合で、昼夜がちょうど逆転しています。季節も正反対で、日本の夏はブラジルの冬、日本の冬はブラジルの夏となります。ブラジルで迎えた初めてのクリスマスは今でも忘れることができません。真夏のクリスマスを初めて体験したからです。35度を超える暑さの中で、ジングルベルが街中に流れるのを聞いた時にはなんとも言えない奇妙な

感覚を覚えました。

　ブラジル人は12月25日に盛大なパーティーを開きますが、クリスマスのごちそうといったら、なんといっても七面鳥の丸焼きです。各家庭でまるごと買ってきて、オーブンで焼きます。焼き具合が難しいと言われますが、私が滞在していた家では焼けると肉の中に差し込んである栓がポンと飛び出るという仕掛けでした。上半身裸で汗をかきながら七面鳥を食べたのが、ついこの間のように感じられます。

　ところで、当時のリオデジャネイロには日系人を含め、東洋人はほとんどいなかったので、私が町を歩くと、ブラジル人が「さよなら」や「空手」などと声をかけてきました。一度、あまりに「空手、空手」とうるさいので、空手の格好をして見せると、皆逃げてしまいました。その当時は、「日本人＝空手ができる」というステレオタイプが確立されていたようです。

☆　☆　☆　☆

　ブラジルでの生活は、日本人としての私に実にたくさんの発見をもたらしてくれました。ある若いブラジル人女性を見た時、世の中にこんなに美しい女性がいるのだろうかと感動したことがあります。髪の毛はカスターニョ（栗色）でウェーブがかかり、大きな青い目をしたまつげの長い、かわいい白人女性でした。日本人から見ると、まるで人形のような顔かたちに思わず一目ぼれしてしまったのです。

　ところが、私が目にかかった前髪をちょっと頭を振ってかきあげると、彼女もまた私のほうをうっとり見ているではありませんか。私の直毛のさらさらヘアー（その当時）がうらやましく、自分のウェーブのかかった茶色の髪と取り替えたいと言うのです。そういえば、ブラジル人は整形好きですが、耳の後ろに皮を引っ張り込んで目を細くしたり、鼻を削って小さくしたりしています。黒人女性はちりちりヘアーに無理やりストレートパーマをかけて直毛にしていますが、どう見ても無理があります。

　私たち日本人からすれば、うらやましいことがブラジルではそうではなく、反対にブラジル人があこがれる日本人の特徴が実は日本ではそれほど評価されていないことに、新鮮な驚きを感じました。環境が変われば、こんなにも見方が変わることを、本当にまざまざと見せつけられた思いがしました。

第2章

文化とは（その1）

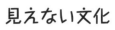
見えない文化

　第1章で確認したように、"異文化"とは自分とは異なる文化のことを意味し、私たちの周りには大小様々な"異文化"があふれています。この"異文化"のもととなるのが、それぞれの"文化"ですが、では、"文化"とはいったいどういうものでしょうか。ここでは、異文化理解の基本となる"文化"について考えます。

1. 文化の氷山モデル

　文化と一口にいっても、あまりに抽象的でピンとこないかもしれません。まずは、具体的な文化を考えることで、文化に対する認識を深めていきましょう。

＜確認チェック２＞
　あなたは、"日本文化"といったら何を思い浮かべるでしょうか。どんなものでもかまいません、典型的な日本文化をいくつか挙げてください。

解説
　日本文化を一つひとつ挙げることで、文化の概念を具体的に感じ取ります。教室でやる場合は、文化の多様性を感じるとともに、私たちのもつ文化のイメージは、実は文化全体のごく一部であることを確認します。

　あなたは、どのような日本文化を想像したでしょうか。「歌舞伎」でしょうか、「富士山」でしょうか、それとも「着物」でしょうか。確かにこれらは日本文化の一面ではありますが、文化の概念にはもっと異なる要素が含まれます。文化のイメージを考える１つの方法として、氷山をたとえに使うことがあります。次ページの図からわかるように、氷山の先端の部分は私たちに見える部分である**見える文化**、たとえば、生け花、神社、日本料理などです。上の＜確認チェック２＞で皆さんの多くが思い浮かべたのは、このような「見える文化」だったのではないでしょうか。しかし、実際は水面より下にある**見えない文化**がたくさん存在します。この「見えない文化」には、人々の価値観や規範、信条、考え方などがあり、氷山の大きな部分を占めています。「見える文化」と「見

えない文化」は互いに密接な関係にあり、両者が一体となって、日本文化を形成していると言えるでしょう。

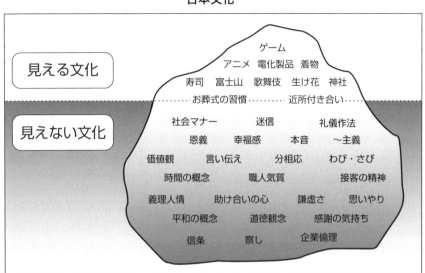

＜確認チェック３＞

　以下の項目は、それぞれが日本文化の一部をなすものです。上の氷山モデルにならった場合、水面に出ていて目に見えるもの（○）はどれか、また水中にあって目に見えないもの（×）はどれか考えてみましょう。また、どちらとも言えるもの（△）はどれでしょうか。

(1) (　) OKサイン　　(2) (　) 大相撲　　(3) (　) 生きがい

(4) (　) そばの食べ方　(5) (　) お辞儀の習慣　(6) (　) 結婚式

(7) (　) 夫婦の役割　　(8) (　) 仕事に対する考え方　(9) (　) 死生観

皆さんはどのような答えになりましたか。下のヒントでは標準的な考え方を示しましたが、「見えない文化」であっても、それが行動に表れることもありますし、「見える文化」であっても、見えない部分が存在することも考えられます。一概にこうだとは言いきれませんが、文化には見えやすい部分と見えにくい部分があるということを認識することが重要です。

> **ヒント**
>
> (1) 「OKサイン」などのジェスチャーは「見える文化」に属します。日本では「大丈夫」や「よい」という意味の他に「お金」という意味でも使われます。その点は「見えない文化」であるとも言えます。
>
> (2) 相撲の勝負や力士の姿は「見える文化」ですが、昔からの伝統的なしきたり（女性の土俵への立ち入り禁止や番付による上下関係など）は「見えない文化」に属します。
>
> (3) 人によって「生きがい」はそれぞれ異なります。どのような生きがいをもっているかはそれぞれの人に聞かなければわからないでしょう。
>
> (4) 欧米人がどうしても我慢できないことの一つに、そばを食べる時の音があります。欧米では子どもの頃から絶対に音を立てて食べないように厳しくしつけられるので、来日したばかりの欧米人を立ち食いそば屋に連れていけば、その場で卒倒してしまうかもしれません。
>
> (5) お辞儀だけを見れば、「見える文化」です。しかし、お辞儀もただ単に頭を下げればいいわけではありません。先生や目上の人、同僚、友達など、相手や状況によってお辞儀の仕方が変わります。また、謝る時には、お辞儀の深さでその人の反省の度合いが判断されます。
>
> (6) 結婚式や披露宴、新郎新婦の服装などは「見える文化」ですが、ご祝儀の中身、挨拶のルール、席順などの「見えない文化」も存在します。
>
> (7) 家庭の様子から目に見える役割もありますが、家計は誰が握っているのか、重要な決断は誰が下すのかなど、「見えない文化」も存在します。
>
> (8) 現在の仕事をどのように考えているかは、それぞれの人の内面の事柄ですので、表からはほとんどわからないでしょう。
>
> (9) 死をどのように考えるかも、人により、国により、宗教などにより、異なります。外面からではわからない文化と言えます。

2. 私の常識、あなたの非常識？

　異文化摩擦の大きな原因に、自分の国や地域では常識とされることが、異なる場所では非常識になるということがあります。このような「見えない文化」は子どもの頃から自然に身についた常識であるため、そうではない考えを理解するのは容易なことではありません。今まで慣れ親しんだ環境から異なる環境に移り住む場合、今までの常識は通用しないことがあることに気づく必要があります。異なる人々を受け入れる側も、「郷に入れば郷に従え」とばかり自分たちの習慣を押しつけるのではなく、新しく来た人たちが自分たちの習慣を受け入れる難しさを理解し、一緒に協力していくという姿勢が必要となります。

＜確認チェック４＞

　次に挙げる事柄はあなたの国の人にとって当たり前のことですか。そうだと思う場合は○を、そう思わない場合は×を、どちらとも言えない場合は△を記入してください。

(1) (　　) 半年ぶりに両親と再会しても、抱き合ったりしない。
(2) (　　) 友人との約束では、約束の時間より前に着くように心がける。
(3) (　　) （春夏秋冬の）季節に合わせて、着る服を変える。
(4) (　　) 他人に家族（両親や兄弟、子ども）の自慢話を積極的にしない。
(5) (　　) 友人の家に食事に招待されたら、お礼の言葉を述べる。もし、１週間後にその友人に会ったら、また、お礼を述べる。
(6) (　　) 仲のよい友人３人と一緒に食事をしたら、一人ひとりが自分の勘定を払う。

　自分が正しいと思っても、他者は必ずしもそのように考えるとはかぎりません。これが外国となると、自分の常識が非常識になることさえあります。日本の価値基準が必ずしも絶対ではないことに気づくことが重要です。ここに挙げた内容は平均的日本人の態度や考え方を表しているので、多くの場合○（か△）になるはずです。しかし受講者の中に外国人がいる場合、答えの中に×がかなり増えてきます。そのことによって、日本の常識は必ずしも他国の常識ではないことを確認することができます。あなたに海外に滞在した経験があれば、日本人の常識が通じない時があったことを思い出すでしょう。以下、解説の中

で日本人とは異なる考え方や態度について説明します。

[解説]
(1) 多くの外国人が驚くのが、この日本人の態度です。特にヨーロッパ系の外国人には信じられない態度に映るようです。知り合いの子どもを抱いてキスしようとしたら嫌がられたと、悲しい顔で話すルーマニア人留学生がいました。スキンシップの挨拶が当たり前の国から来る外国人には、日本人の挨拶は他人行儀に映るようです。中国や韓国からの留学生の中にも、久しぶりに会ったら両親と抱き合う人は少なくありません。

(2) 東南アジアやラテン系の国ではそれほど時間のルールは厳しくありません。△や×の人が多くなります。日本にいる外国人は日本の時間のルールの中で生活しているため、現在の自分にあてはめて○にするかもしれませんが、母国の基準で考えると×になる人が多くいます。

(3) 私たち日本人にとっては至極当たり前のことですが、四季の区別のないインドネシア、フィリピン、マレーシア、タイなど、赤道に近い国の人にとっては考えられない習慣です。これらの国の人はいつも同じ種類の服を着ており、暑さや寒さによって着る枚数を調整するだけです。日本のように、春物、夏物、秋物、冬物と、季節によって材質やデザイン、色などが変わることはありません。

(4) 日本では、自分の夫や妻、恋人の自慢をすると、「のろけ」と言われ、自分の子どものことをほめると、「親バカ」と言われます。他人に自分や自分の身内のことを進んで自慢しないのが平均的な日本人ですが、外国では異なります。ブラジルで乗ったタクシーの運転手が自分の家族の写真を見せながら、その自慢話をとうとうとしていたのを思い出します。

(5) これも日本では当たり前の習慣ですが、外国の人にとっては、お礼はすでに述べたのだから、繰り返して言う必要はないということになります。したがって、外国人には日本人のようなお礼の言葉を期待しないほうがいいでしょう。日本人の意識として、受けた恩義はなんらかの形で返さなければならないと感じますので、改めてその恩義を言葉に出して表すということが一般的な礼儀として定着しています。

(6) 割り勘は中国や韓国からの留学生が驚く習慣の一つです。これらの国では、

友達同士で食事をする場合、誰か一人が払い、次に食べる時は他の人が払うというように、順番に払っていくそうです。いわゆる勘定を払い合っているということになります。日本でも先輩や後輩、上司と部下、年配者と若者など、上下関係がある場合には、上の人が下の人におごることがありますが、中国や韓国のようなおごり合うという習慣はあまり見ることはありません。ただし、最近では中国や韓国でも若者を中心に割り勘文化が根づいてきているようです。

＜考えよう１＞

これまでの人生の中で、自分が常識だと思っていたことが通じなかった経験はありませんか。異文化は外国ばかりではありません。あなたの日常生活で感じたことのある違和感（地域、世代、職場、学校、夫婦間などによる違い）を思い出し、以下にいくつか書き出してください。

(1)

(2)

(3)

考える ポイント

　外国で生活したことがある人ならば、日本の常識が相手国では通用しなかった経験を思い出すことができるでしょう。たとえば、お酒を飲む時、日本では手酌で飲む人も少なくありませんが、韓国では注ぎつ注がれつの関係が重視されます。手酌した人の前に座っている人は不吉なことが起こると信じている人もいるほどです。また、相手のグラスに酒を注ぐ場合も、日本人がよくする注ぎ足しは失礼にあたります。というのは、お酒を注ぎ足す行為は亡くなった人に対する儀式で行われるからです。

　もし外国に住んだ経験がないとしても、出身地によって異なる文化がたくさん存在します。たとえば、筆者の故郷、山梨ではカツ丼はドンブリに盛られたご飯の上にキャベツやトンカツがそのまま載っているものを言います。東京から来た友人が食堂でカツ丼を注文して驚いたと言っていました。その友人は、どうやって食べていいのかわからず、店の人に聞いたそうです。一般の人が想像するカツ丼は、山梨では煮カツ丼と呼ばれます。また、赤飯の豆が甘納豆だったり、今川焼きが「じまん焼き」と呼ばれたりするなど、他県から来た人が戸惑うような文化が存在します。すき焼きに入れる具材なども地域や家庭によって異なることが多いようです。

　その他にも、若い人は「宇宙人」と呼ばれることがありますが、これは、年配者から見ると、考え方や行動が理解不可能であることを揶揄したもので、世代間の違いとして捉えることができます。親世代と子世代でも、物事に対する捉え方や人生に対する考え方など、様々な点で意見が異なることが普通です。夫婦の間でも、子どもに対するしつけの仕方に違いがよく見られますが、それは育った家庭環境によるものだと言えます。新婚の夫婦間では毎日の生活において様々な習慣の違いを見つけることができるでしょう。職場が変わると、新しい職場の雰囲気や習慣に慣れるまでに時間がかかることも多くの人が経験することです。

　このように、出身地や地域、世代、職場などにおける異なる習慣や考え方を思い出してみると、きっと様々な常識を見つけることができるでしょう。

異文化よもやま話 2

熱狂の町、リオデジャネイロ

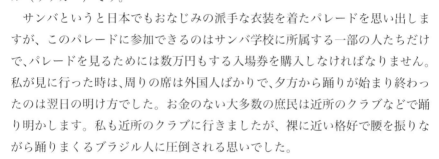

　私が2年間住んだリオデジャネイロ（リオ）の人は自分たちのことをカリオカと呼び、サンパウロに住むパウリスタに強烈なライバル意識をもっています。いわく、パウリスタはまじめ、仕事ばかりしている、歩くのが速いなどなど。勤勉なパウリスタに対して、カリオカの関心事は、サンバとプライア（ビーチ）とフッチボール（サッカー）です。

　サンバというと日本でもおなじみの派手な衣装を着たパレードを思い出しますが、このパレードに参加できるのはサンバ学校に所属する一部の人たちだけで、パレードを見るためには数万円もする入場券を購入しなければなりません。私が見に行った時は、周りの席は外国人ばかりで、夕方から踊りが始まり終わったのは翌日の明け方でした。お金のない大多数の庶民は近所のクラブなどで踊り明かします。私も近所のクラブに行きましたが、裸に近い格好で腰を振りながら踊りまくるブラジル人に圧倒される思いでした。

　カーニバルが終わって10か月が過ぎると子どもがたくさん生まれると言われるほど、情熱的な時間が過ぎていきます。カーニバルは庶民にとって、文字どおり1年に一度の大騒ぎであり、これがあるので、庶民の不満が発散され、暴動が起きないとも言われています。カーニバルが近づいてくると、カリオカの気分はハイになり、私が乗り合わせたバスでは黒人が太鼓をたたき始めると、バスの乗客全員が体を動かし始め、サンバの大合唱となりました。

　カリオカにとってプライアは欠くことのできない存在です。リオにはイパネマやコパカバーナといったブラジルを代表する美しい砂浜が続きます。私がブラジルで感動したのは真っ白い砂浜とコバルトブルーの海です。海岸によっては、一つひとつの砂粒が大きく、透明なので驚きました。あまりのきれいさに、海岸の砂粒を日本に持ち帰ったほどです。今でも私の書斎の机の上にはその頃のブラジルの砂が飾ってあります。

　時間があれば、カリオカはプライアに行き、思い思いの時間を過ごします。海岸は色とりどりのタオルを肩に留めて歩く若い女性であふれ、その横で男性

グループがバレーボールを楽しんでいます。リオの海岸線は山が近くまであり、日本の伊豆半島の風景に似ています。リオから来たブラジル人は、熱海の海岸線を見ると決まってリオを思い出すと言います。

　リオには、ポンジアスーカ（砂糖のパン）と呼ばれる有名な岩山があります。丸くて大きなパンのような形をした山ですが、実は、伊豆の大仁にも城山（じょうやま）と呼ばれる、地元では有名な岩山があります。ポンジアスーカ同様にロッククライミングで有名な場所で、私は心の中でこの城山のことを「伊豆のポンジアスーカ」と呼んでいます。

　フッチボールは、カリオカだけでなくブラジル人を熱狂させるスポーツです。私が初めてブラジルに到着した日に、リオ中で爆竹のような花火の音が鳴りやみませんでした。聞いてみると、ワールドカップでブラジルがイタリアに勝って３位になったということでした。一度ブラジル人の友人に誘われて、その当時10万人を収容すると言われた世界最大のマラカナンサッカー場へ試合を見に行ったことがあります。大小の旗を持ったサポーターが選手の一挙一動に大歓声を上げます。今でこそ日本でもＪリーグが誕生し、サポーターの熱心な応援も珍しくありませんが、1978年当時日本ではまだマイナースポーツだったサッカーにそこまで熱狂するかと驚いたものです。私たちはバスコというチームを応援しましたが、この時の対戦相手であるフラメンゴではジーコ（元日本代表監督）がプレーしていました。

☆　☆　☆　☆

　カリオカにとって毎日の生活になくてはならないものに、ピアダというブラジル式ジョークがあります。ブラジル人の友人たちと出かけると、必ずと言っていいほど、ピアダが披露され、皆で大笑いしています。最初は言葉がわからず、何を言って笑っているのかよくわかりませんでしたが、ポルトガル語が上手になるにつれ、かなりきわどい下ネタや人種ネタであることがわかってきました。ちょっとここでは紹介することができませんが、私も積極的にピアダを考え、皆に披露することで、ブラジル人との会話を楽しんだものです。

　陽気で明るいカリオカにとって、このサンバ、プライア、フッチボールに、ブラジル式ジョークのピアダが加われば、これ以上の幸せはないということになるのでしょう。

第3章

文化とは（その2）

日本文化も様々

　一口に日本文化といっても様々な文化があります。私たちは"文化"というと、どうしても大きな枠組みの中で捉えてしまう傾向があります。しかし、同じ文化でありながら、私たちの周りには身近な小さい"文化"がたくさん存在します。この章では、私たち一人ひとりを支える"文化"について考えます。

1. トータルカルチャーとサブカルチャー

　私たちが一般的に文化という時、それは日本文化、アメリカ文化、中国文化、韓国文化など、国単位で考えることが多いと言えます。このような文化は**トータルカルチャー**と呼ばれます。これに対して、トータルカルチャーの中にもさらに小さな文化が存在します。たとえば、自分が住んでいる地域、職場、出身地、家族、趣味のグループ、宗教などです。国によってはこれに民族が加わることがあります。このような集団は、小さいながらもある共通する意識で結ばれていると言えます。これらの文化のことを**サブカルチャー**と呼びます。私たちの周りには様々なサブカルチャーが存在し、同国人であっても、複数の異なるサブカルチャーをもっているのが普通です。

1）誰もが多文化人

　同じ国の人であっても、考え方や習慣、価値観の違いに戸惑ったことがありませんか。これは、属するトータルカルチャーは同じでも、それぞれの人を構成するサブカルチャーが異なることからくるものです。どんな人でも、内面に必ず複数のサブカルチャーを抱えています。このことから、すべての点で共通する文化をもっている人など、この世に存在しないということになります。

　ワーク2　次の多文化ダイアグラムを完成させましょう[2]。まず、大きな円の中の上の下線のところにあなたのトータルカルチャーを書き込んでください。国籍があなたのトータルカルチャーとなります。次に、それぞれの小円に、自分を構成すると思われるサブカルチャーを書き入れます。どうやって自分を他者と区別しますか。たとえば、出身地、生まれ育った家庭環境や現在の家族状況、職業（職歴）、学生（大学生、留学生、社会人学生）、趣味のグループ、サークル、海外経験、宗教、民族など、様々なサブカルチャーが考えられます。

第3章　文化とは（その2）

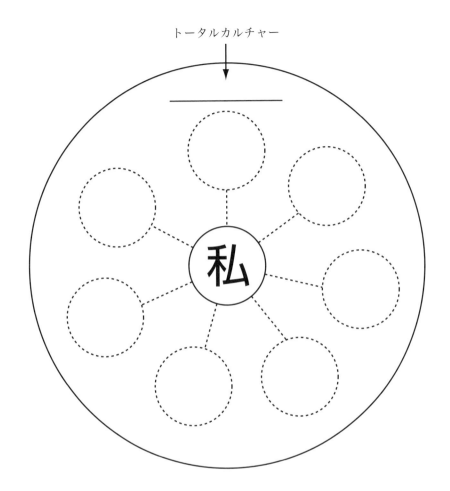

　いかがでしょうか。あなた自身を構成するカルチャーが一目瞭然となっていませんか。このカルチャーが複合的にからみ合い、あなた自身の文化（アイデンティティ）を作っていると言えるのです。その意味で、あなたとまったく同じ文化をもつ人はこの世には存在しないことになります。第1章で確認をした「あなた以外の人はすべて異文化に属する」ということは、この多文化ダイアグラムを見れば、納得することができるでしょう。
　では、この多文化ダイアグラムを見ながら、次のことを考えてみてください。

43

(1) あなたにとって、どのカルチャーが一番重要でしょうか。

───────────────────────────────────────

(2) カルチャー同士で共存できないもの（矛盾するもの）があるでしょうか。

───────────────────────────────────────

(3) 友人と共通するサブカルチャーがあるでしょうか。それはどれでしょうか。

───────────────────────────────────────

解説
(1) 自分の多文化ダイアグラムを完成させることで、今まで気づかなかった自分自身のもつ文化を認識することができます。これらのカルチャーの中でより重要なものはどれでしょうか。たとえば、現在の家族や職業などがそうかもしれません。これに対して、出身地や生まれ育った家庭環境は今ではそれほど重要ではなくなっているかもしれません。異文化との交流では、相手とともにあなたを支えるカルチャーを知ることが重要な要素となります。

(2) カルチャー同士で矛盾することがよくあります。たとえば、あなたがイスラム教徒であれば、酒を飲んだり、豚肉を食べたりすることはできません。そのような制限のないトータルカルチャー（日本）に身を置くことは、イスラム教徒というサブカルチャーを維持するのに困難が生じます。また、サブカルチャー同士でも共存できるものとできないものがあります。たとえば、山梨出身の筆者は甲州弁を使いますが、山梨に帰らなければ使えません。このような矛盾は、ストレスの原因となることが多いものです。

(3) トータルカルチャーが異なっていても、サブカルチャーに共通点があれば親しくなりやすいという面があります。異文化で友達を作る際に非常に重要です。同国人でも仲のいい友達であれば必ず共通するサブカルチャーがあるはずです。筆者が海外に滞在した時、趣味のマジックやテニスを通じて、現地の友達を簡単に作ることができました。これは、まさに共通するサブカルチャーの賜物であったと言えます。

2. 文化の特徴

これまでに見てきたような文化を定義すると、どのようなものになるでしょうか。実は、文化の定義については研究者によって様々な意見があり、統一した見解が存在しているわけではありません。しかし、一般的には次のような特徴があると言われています[3]。

1) 文化は学習される

私たちは子どもの頃から両親、学校、社会から文化を意識的に、または、無意識に教えられます。育った場所や環境によって、私たちが学ぶ文化は異なります。

(例)◆学校における道徳教育：挨拶をする、周りの美化に努める、公共施設を大事に使う、ゴミを道に捨てない、など
◆親のしつけ：夜更かししない、朝食を食べる、歯を磨く、食事のマナーを守る、感謝の気持ちを口に出す、家の手伝いをする、など

解説

同じ日本国内でもこれらの文化は地域によって異なることがあります。たとえば、静岡の中部地区では、食事の挨拶は「いただきます」「いただきました」であり、学校でもそのように教えられます。千葉県では、出席番号はアイウエオ順ではなく、誕生日順になっているそうです。このように、地域によって学習される文化には様々なものがあり、そのような地域文化の違いを紹介するテレビ番組もあるほどです。

2) 文化は伝達・伝承される

文化は、歌、踊り、芸、昔話、祭、作法、しきたり、など様々な形で、親から子へ、人から人へ、グループからグループへ、時には国から国へ伝えられます。

(例)◆伝統文化：茶道、華道、日本舞踊、落語、講談など
　　◆年中行事：初詣、節分、ひな祭り、花見、こいのぼり、七夕、月見、七五三、歳暮、大掃除など
　　◆家庭の習慣：しつけ、家族の役割分担、食習慣、掃除の仕方、風呂の入り方、服のたたみ方など

解説

　これも、流派や地域によってそのやり方には様々なものがあります。たとえば、茶道や華道は流派ごとに異なる作法があります。昔から続く日本の年中行事（たとえば、七五三を祝う子どもの性別など）も地域によって異なることがあるようです。また、それぞれの家にはそれぞれの文化が存在し、家庭内の文化が親から子へと伝えられます。したがって、異なる家庭環境で育った男女が結婚すると、このような文化の違いがもとで口論になることがよくあります。

3）文化は常に変化する

　学習・伝達された文化は、環境の移り変わりとともに変化します。現在の日本文化が江戸時代と異なるのは、時代とともに文化が変容したからです。

(例)◆日常生活一般：ファッション、男女の役割、言葉、生きがい、教育、遊び、余暇の過ごし方、趣味、スポーツ、仕事内容など

解説

　ファッションの流行が代表例ですが、10～20年のサイクルで変化すると言われています。最新の髪型も時代によって異なります。男女の役割も戦後変化したものの一つで、育児に積極的にかかわる男性を意味するイクメンという言葉ができたほどです。言葉の変化は古典と比べれば一目瞭然ですし、私たちの生きがいも、以前の仕事中心から余暇を楽しむ家庭中心へと変化してきています。学校の教育内容や子どもの遊び方も昔と比べると、隔世の感があります。

4）文化は規範である

　文化は私たちの行動や価値観などを決定する規範となります。私たちは毎日、文化に基づいた規範に従って行動しています。ある文化では挨拶時に頭を下げることが、別の文化では握手することが、規範となっているのです。

　（例）◆冠婚葬祭：結婚式や葬式でのマナー
　　　　◆社会マナー：順番を待つ並び方、エスカレーターで立つ位置、電車でのマナー、敬語の使い方、ビジネスルール、ペットの散歩のルールなど

解説

　冠婚葬祭が規範の代表的なもので、書店に行けば冠婚葬祭に関する実用書を簡単に見つけることができます。その他にも、入学、就職、結婚、出産、昇進などのお祝いに関して、常識としての規範が存在します。特に結婚については地域によってその習慣は大きく異なり、関東を中心とする簡略的な結納もあれば、愛知県などではお金をかけた豪華な結納が行われます。

　社会マナーでよく話題になるものに、エスカレーターで立つ位置があります。関東では左であるのに対し、関西では右であると言われますが、京都では関東と同じように左に立つそうです。広島は右で、福岡では左に立つそうです。海外では右に立つのが主流で、ニューヨーク、ロンドン、パリは基本的に右だそうです。大阪などで右に立つのは、日本万国博覧会（1970年 大阪）の開催時に、欧米の基準に合わせたからだと言われています。

5）すべての文化要素は相互関係にある

　それぞれの文化はお互いに関係し、影響を与え合っています。文化は単独で存在するのではなく、相互関係の中で存在していると言えます。

　（例）◆相互関係の例：日本と世界、電化製品の普及と主婦文化、テレビや車の普及と余暇の過ごし方、携帯やスマホ、パソコンの普及と日常生活やビジネスとの関係、社会の変化と女性言葉の消失など

> [解説]

　歴史的に日本は中国や欧米から大きな影響を受けました。また日本も、日本食やアニメ、ゲーム、カラオケ、電化製品、自動車などで、世界の国々に影響を与えています。国内を見ても、戦後の電化製品の普及は家事の負担を軽減させ、主婦の文化を大きく変化させましたし、テレビや車の普及は私たちの余暇の過ごし方を大きく変えました。女性言葉があまり聞かれなくなったのは女性の社会進出に伴う男女平等化が進んだ結果であると言われています。また、携帯電話やスマホ、パソコンの普及はコミュニケーションのあり方、親子関係、友人関係、男女関係、ビジネスの方法など多方面に大きな影響を与えています。

6）文化は自文化中心主義である

　私たちはトータルカルチャーの中で、「何が正しくて何が正しくないか」といった価値基準を学びます。この価値基準を、異なる文化にもあてはめようとすると、**自文化中心主義**（ethnocentrism「エスノセントリズム」の訳で、「自民族中心主義」とも訳される）に陥ります。私たちが自文化とは異なる文化や価値観に接する時、それらを"おかしい"とか"間違っている"と感じるのはこのためです。

　　（例）◆日本人が違和感をもつ文化：キスや抱擁の挨拶、強い自己主張や個人主義、昼寝の習慣、時間の不正確さ、チップの習慣など

> [解説]

　体の接触を伴う挨拶や欧米人の自己主張の強さ、個人主義などに日本人が戸惑うのは、日本人の感覚によるものです。また、南米などの昼寝の習慣や時間の不正確さは、日本人の感覚では怠惰でルーズな習慣として映ります。さらに、チップも日本人にはわずらわしい習慣の一つです。このような違和感はすべて子どもの頃から培われた日本人の考え方や習慣によるものであり、自文化に基づいた意識によるものであると言えます。

<確認チェック５>

次の事例は、これまでに見てきた文化の特徴のどれと一番関係が深いでしょうか。下から数字を選んで入れてください。

(1) (　　　) 千利休によって確立された茶の湯の作法は、現在においても多くの流派に受け継がれている。
(2) (　　　) 日本人の割り勘を見ると、日本人はなんてけちなんだろうと思う中国人や韓国人がいる。
(3) (　　　) 出産祝いのお返しは、もらった額の三分の一から二分の一が相場である。
(4) (　　　) 日本人は、他人に迷惑をかけないことを、子どもの頃から繰り返し学校や家庭で教えられる。
(5) (　　　) 1960年代の男の子の遊びは、ビー玉、メンコ、コマだったが、1980年代にファミコンとなり、現在ではテレビゲームやスマホゲーム、オンラインゲームなどが主流となっている。
(6) (　　　) インターネットによって、世界中に友達を作ったり、外国とビジネスをしたり、海外の情報を手に入れたりすることが簡単にできるようになった。世界中のあらゆる物事がインターネットを通して互いに影響し合う時代となった。
(7) (　　　) 相撲は奈良・平安時代から続く伝統武道であり、神事として日本各地の祭りの中で行われてきている。

1）文化は学習される　　　　　　　2）文化は伝達・伝承される
3）文化は常に変化する　　　　　　4）文化は規範である
5）すべての文化要素は相互関係にある　6）文化は自文化中心主義である

文化の特徴を具体的な出来事とつなげて考える設問です。私たちの生活に密着する文化への理解を深めましょう。

> **ヒント**
>
> (1) 室町時代の文化（茶道）が現在に至るまでほぼ同じ形で伝承されている例です。
> (2) 中国人や韓国人の伝統的な価値観では、そのような意見となります。
> (3) これは一般の日本人が従うべき常識と考えることができます。
> (4) 日本人は他人の迷惑にならないようにすることを小さい頃から学習します。
> (5) 遊びの文化が時代とともに変わってきている例です。
> (6) 個々の文化はもはや単独では存在できないことがわかります。
> (7) 古代から伝承されている国家的スポーツ（国技）です。

3. 文化的側面に対する個人的側面と普遍的側面

　ここまで、私たちの価値観や規範を決定するのに、文化が大きな役割を果たしていることを見てきました。しかし、私たち人間の行動を規定するものには、**文化的側面**だけではなく、**個人的側面**と**普遍的側面**があります。その人の行動を考える時、これらの３つの異なる要素のうち、どの面が一番強く出ているかを理解することが重要です。そうしないと、その人の行動を正しく理解することができないからです[4]。

1）文化的側面（Cultural）

　同じ文化背景をもつ人々に共通する側面です。「見える文化」「見えない文化」に代表される文化が、これにあたります。

　　（例）◆見える文化：食べ物、服装、歌舞伎など
　　　　　◆見えない文化：道徳観念、時間の概念、社会マナーなど

2）個人的側面（Personal）

　個人的に他者と異なっている側面です。文化とは異なり、個人個人の好き嫌いや志向などにより決まる事柄です。

(例) ◆個人的な志向：食べ物の好き嫌い、飲酒や喫煙の習慣、自分の夢や希望、自分の得手・不得手、好きなことや嫌いなこと、など

3）普遍的側面（Universal）

すべての人に共通する側面です。人間に本来備わった資質はすべての人に共通する側面であると言えます。

(例) ◆人間の本能や喜怒哀楽の例：お腹がすいたら何かを食べる、疲れたら休む、のどが渇いたら水分を取る、うれしい時は喜ぶ、悲しい時は涙が出る、など

＜確認チェック６＞

以下の事柄を、文化的だと思われるもの（C）、個人的だと思われるもの（P）、普遍的だと思われるもの（U）に分類してみましょう。

(1) (　) 朝食を食べない。　　　　(2) (　) 愛する人が亡くなって悲しい。
(3) (　) 寒い時は暖かい服を着る。　(4) (　) 20分くらいの距離なら歩く。
(5) (　) いつも女性を大事に扱う。　(6) (　) 食事を箸で食べる。
(7) (　) 挨拶の時に握手する。　　(8) (　) 寿司はわさび抜きで食べる。

ある外国人の様子から、その国の人が全員そのようなふるまいをすると思ってしまうことがありますが、注意が必要です。文化的な要素よりも、個人的な要素が強いことがよくありますので、どの要素が一番強く出ているのか見極めることが重要です。

> **ヒント**
> (1) 朝食を食べる、食べないは文化というより、個人的な側面が強いものです。
> (2) 人間に共通する感情です。悲しさを表す手段は文化によって異なりますが、悲しいという気持ちは共通しています。

(3) どの温度で寒いと感じるかは個人や文化的要素が大きいですが、寒いと感じたら暖かい服を着る（または重ね着をする）のは普遍的な側面でしょう。
(4) 健康のために歩く人もいれば、足が悪いのでバスを利用する人もいます。また、歩くのが好きな人と嫌いな人がいます。いずれも、個人的な違いによるものです。
(5) 欧米では女性を大事に扱うマナーが確立しています。日本でも欧米のやり方とは違いますが、女性を大切にする文化はあります。ただ、女性に対する態度には個人差がありますので、一概に文化だけとは言えないでしょう。
(6) 世界の食文化を人口比で見ると、箸を使う文化（3割）、手で食べる文化（4割）、ナイフ・フォーク・スプーンの文化（3割）があると言われています。箸の習慣は、中国、韓国、日本などのアジアの国にかぎられることから、文化的であると言えるでしょう。
(7) 挨拶のマナーですが、握手するのは日本では一般的なふるまいではありません。文化によって、握手する文化、お辞儀する文化、手を合わせる文化などがあります。
(8) 寿司にはわさびがつきものですが、子どもは刺激が強いため、食べないのが普通です。大人の中にもわさびが苦手な人がいますので、それは個人的な側面と言えます。

異文化よもやま話 3

ブラジルからアメリカへ

　私が生活した第二の外国はアメリカです。2年間過ごしたブラジルから帰国した私は、世界をリードするアメリカという国をこの目で見てみたいと強く思うようになりました。アルバイトをしながら資金を稼ぎ、アメリカに語学留学をすることにしました。どうせアメリカに行くなら日本人のいないところがいいだろうと思い、南部の小さな町、コロンビアにあるサウス・カロライナ大学に留学することにしました。ところが、実際に現地に着いてみると、日本人がたくさんいるではありませんか。日本経済の最盛期の頃だったので、日本からの留学生がアメリカ中にあふれていたんですね。

　ブラジルという外国での生活を経験した私は、異文化に対する自信のようなものが生まれ始めていました。どこへ行ってもなんとかなるだろうという、漠然とした自信です。ところが、この自信は過信であったことをすぐに思い知らされることになったのです。

　アトランタ経由でコロンビアに到着した私は空港からタクシーでサウス・カロライナ大学に向かいました。そして、大学付属の英語学校で、英語のプレイスメント・テスト（英語のレベルを測るテスト）を受け、担当官の面接を受けました。事前に留学斡旋団体を通して、ホームステイの希望を出していましたので、ホストファミリーを紹介してくれるものとばかり思っていました。ところが、担当者からホームステイは斡旋していないという思いがけない言葉を聞き、絶句しました。話が違うじゃないか、これからどうしたらいいんだろう、心の中で不安が増大するのを感じました。

　結局、この担当者が留学生の寮を紹介してくれ、居合わせた英語の教師が私を寮の前まで車で送ってくれることになりました。寮といっても、4人住むことのできる独立した建物で、それがたくさん並んでいます。私は指定された番号の建物の中に入りましたが、誰もいません。ガラーンとした室内は寒々とし、シーツも何もない裸のベッドが並んでいるだけでした。おまけに、季節は1月の真冬、暖房をつけようにもつけ方がわからず、大きなスーツケースを抱え、

震えながら裸ベッドの上で呆然とするしかありませんでした。初めてのアメリカ、知り合いは誰もいない、どこに何の店があるのかもわからない、英語もできない、食事もまったくしていない、外は真っ暗、おまけに寒くて体が凍りそうです。長旅と時差で疲労困憊のまま、途方に暮れ、アメリカに来たことを後悔しました。今すぐにでも日本に帰りたい、そう思ったのは、私の人生の中であとにも先にもこの時だけでした。

　ちょっと外を見てみると、隣の建物は明かりがついて、誰かがいるようです。意を決して、そのドアをたたいてみると、出てきたのはトルコ人とインド系のイギリス人でした。私が話をする前に、「ここに住むのか、じゃあ入りな」と私を暖房の効いた暖かい部屋に招き入れてくれたのです。ちょうど、新学期が始まる直前だったので、寮には新しい学生が次々と到着していました。定員4人の寮にまだ2人しか住んでいなかったので、てっきり私がその寮に移ってきたのだと勘違いしたようです。私はこれ幸いと、その寮に住むことに決め、翌日に事務所で寮の変更手続きをすればいいと思いました。

　このトルコ人が「隣の寮に日本人がいるから、紹介するよ」と言って、ケンという日本人を紹介してくれました。このケンさんはとても気さくな人で、今着いたばかりなら、お腹がすいているだろうと言って、食パンと一緒にベーコン付きの目玉焼きを作ってくれました。涙が出るほどおいしかったです。「地獄に仏」とはまさにこのような状況を言うのでしょうか。私にとって、この時出された目玉焼きの味は一生忘れることができません。

☆　☆　☆　☆

　私のこの苦い思い出は、留学を斡旋してくれた民間機関を信用しすぎたせいもありますが、トラブルが起きた時にどのように対処したらいいのか、まったく想定していなかったことにも原因があります。外国のような異文化に入っていく場合、トラブルがつきものです。どのようなトラブルが起きても対処できるような危機管理意識をもつことが非常に重要です。

　私が所属する大学では、外国の協定校に留学する学生に対し、事前オリエンテーションを実施し、危機管理について話すことがあります。特に日本のような、至れり尽くせりのサービスの国から何もかも1人でやらなければならない外国に行く場合、意識の大転換が必要です。外国に行く場合は必ずトラブルはあるものと想定し、その対処法を考えておくことが重要になるでしょう。

第4章

異文化適応

五月病

猛勉強の末 第一志望の難関私立大学に合格

大きな夢と希望に満ちた大学生活のスタート

…のはずが大学生活になじめずアパートにひきこもり

どよ〜ん

地味で裕福でもない花子が金持ちのお嬢さまで有名な大学なんかに行くからだよ

　異文化に適応するとはどういうことでしょうか。私たちの人生においては、外国で暮らすこと以外にも、大学や専門学校に入学したり、職場が変わったり、引っ越したり、結婚したりと、大小様々な異文化適応を経験します。この章では、私たちが異文化に飛び込み、適応していくプロセスについて考えます。

1. U字曲線の適応

　外国に行く場合、その国についての知識があると、適応は容易になると言われます。しかし、いくら頭で理解したとしても、子どもの頃から慣れ親しんだ習慣や考え方はそれほど簡単に変えることはできません。また、その国の道徳意識や生活信条などの「見えない文化」は、現地に行って直接そこの人と交流するまではわからないことが多いでしょう。

　私たちは、今までとは異なるものや理解できないことに出会うと、内面に様々な変化が起こります。このような変化にはある一定のパターンがあることが知られています。一般的に異文化適応における典型的な内面の変化は、以下のような1から4のステージで構成される**U字曲線**（U字型曲線、Uカーブモデル、Uカーブ仮説）で説明されます[5]。

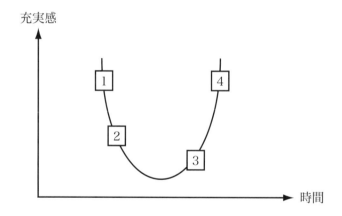

　その国に到着したばかりの頃は充実感が高くても、その国で生活するうちにだんだん下がり、また上がっていくという1〜4の変化のパターンがアルファベットの"U"の字に似ていることから、このような名前がついています。それぞれのステージの特徴について、次ページで説明していきましょう。

ステージ1　　新しい文化に陶酔（ハネムーン・ステージ）

　見るもの、聞くものがすべて新鮮で、新しい文化に来たという興奮と期待感でいっぱいです。文化では、食べ物や景色、服装などの「見える文化」が中心で、その国の人の価値観や生活信条などの「見えない文化」にまでは気づいていません。ほとんどの短期旅行者は、このステージのままで旅行を終えることが多いと言えます。

ステージ2　　異文化に直面（カルチャーショック）

　期待あふれる興奮した状態から現実的で落ち着いた生活に移るにつれ、「見える文化」から「見えない文化」に直面するようになります。そうすると、今まで抱いていた期待が失望へ、興奮が落胆へと変わることがあります。このような状況は、「カルチャーショック」と呼ばれます。その人の性格や考え方、経験の程度などによって、ちょっとした焦燥感で終わる場合もあれば、その文化に対する強烈な敵意へと変わることさえあります。最悪の場合、もうその国の文化に身を置くことができず、帰国してしまうことがあります。

ステージ3　　適応を開始（適応期）

　このステージでは、カルチャーショックを抜け出し、異文化への適応が始まります。今までわからなかった「見えない文化」が見えるようになり、その文化での暮らし方やふるまい方にも慣れてきます。文化の違いから来る孤独感や焦燥感もだんだん軽くなります。現地の人との交流がうまくいき始め、またうまくいったことが自信へとつながります。

ステージ4　　異文化へ適応（安定期）

　このステージに来ると、現地の人との適切なコミュニケーションの仕方が身についています。異文化における不便を感じることはあまりありません。文化の違いを理解し、その違いを受け入れることができます。新しい文化での様々な経験から視野の広い見方や考え方ができるようになっています。このステージに立って初めて、本当の意味での異文化理解が始まると言っていいでしょう。

カルチャーショックとは

　カルチャーショックというと、多くの人が「異文化に驚き、ショックを受けること」と考えますが、実は異文化コミュニケーションの分野では、異文化に接することで生じる内面の様々な変化のことを総合的に意味します。たとえば、疲れる、眠れない、拒食・過食気味である、太った、やせたなどの体の変化やその国に失望する、その国が嫌いになる、いらいらする、学習が進まない、国に帰りたい、などの気持ちの変化も大きな意味でのカルチャーショックと言えるでしょう。自分では気づかないうちに、先ほど見たステージ２のカルチャーショックにいることが多いようです。したがって、そのようなステージにいる人には不安、いらいら、失望感、焦燥感は、誰でも異文化において経験する自然なプロセスであることを伝え、将来に対して前向きに取り組んでいけるようにアドバイスすることが重要です。

　筆者の個人的な経験では、日本語学校で学び始めた外国人はステージ２にいることが多いようです。これは、言葉などの障害から、日本社会に溶け込むことが困難で、その結果、日本の中で外国人だけの社会を形成し、そこで日本について批判し合うことがあるからのようです。言葉が上手になり、大学や専門学校に進み、日本人との交流が進んでいく過程で、だんだんステージ２から３、４と適応していくようです。人によって、適応のプロセスは異なりますが、カルチャーショックを脱して、ステージ３に行くまでに、数か月で終わる人から数年かかる人まで様々です。

　また、ある国への留学が正式に決まった時はうれしかったが、その後、留学が近づくにつれ不安が大きくなり、その国に着いた時はあまり新しい文化を楽しめる状態にはないことがあります。初めて留学したり親元を離れたりする時などは、そのような不安が大きくなると思われます。このような人は目的とする国に着いた時は不安で充実感が少し低くなりますが、すぐに慣れ、ステージ１から適応が始まることになります。

<確認チェック７>

以下は、外国人が日本の生活に適応していく様子を表しています。U字曲線の適応ステージのどこにいるかを考え、ステージの番号を括弧に入れてください。

⑴（　）この国の人が自分の意見を強く主張しないのは、和を重視するからだ。皆が気持ちよく生活するためには、できるだけ対立を避けることが一番重要なのだ。
⑵（　）日本語を勉強してもなかなか上達しない。眠れないこともあり、体調がすぐれない。
⑶（　）最初の頃は嫌だったけれど、最近では町の人にじろじろ見られてもあまり気にならなくなった。外国人があまりいないので、ただ珍しいだけなんだろう。
⑷（　）どのお店の人も丁寧で、とても親切だ。誰もが皆いい人ばかりだ。この国に来て、本当によかった。
⑸（　）今度友人の家に招待されたので、この辺の名産のお菓子でも持って行こう。それほど高価でなくても、お店できれいに包装してくれて、相手も喜んでくれる。これは、この国の相手を気遣う文化の一つである。
⑹（　）信じられないけど私、生の魚を食べている。来たばっかりの頃は食べられなかったのに。
⑺（　）何を聞いてもはっきりと答えない。この国の人は、自分の意見をしっかりともっていないのだろうか。
⑻（　）日本の町はとてもきれい。日本語の先生もとても親切。友達もいろんな国の人がいて、毎日がとても楽しい。
⑼（　）家族と離れて寂しい。いつも家族のことを思い出してばかりいる。
⑽（　）日本人の友達ができた。付き合ってみると、日本人もけっこういいところがあるんだ。今度実家へ連れて行ってくれると言っている。とても楽しみだ。

外国人であれば、自分がどのステージにいるかを知ることは非常に重要です。ハネムーン・ステージであれば、これから来るカルチャーショックに備え、心の準備ができますし、カルチャーショックにいる人であれば、誰もが経験する通過点にすぎないことを知ることで気持ちが落ち着きます。また、これから海

外に行こうとする人は、現地での異文化適応をスムーズに進めるための心構えができます。そして、受け入れ側の日本人は、日本に住む外国人の異文化適応プロセスを知ることで、的確な援助やサポートを与えることが可能となります。

> **ヒント**
>
> (1) 日本人は全員が納得して事にあたることを望みます。できるだけ対立を避けるため、事前の根回しが必要となります。表立って相手を批判したり、自分の意見を強く主張したりすることは慎まれます。そのような日本人の性格をよく理解した考えです。
>
> (2) 新生活の緊張感も薄れ、日本の生活に浸るようになると、それまで気にならなかった母国との違い（見えない文化）が感じられるようになってきます。語学も急には上達しませんから、少しずつ焦燥感が出てきます。そのような時に、体調がすぐれなかったり、眠れなかったりする症状が現れます。
>
> (3) 日本人とは肌の色が違う黒人や欧米人は地方では特に珍しがられます。どこに行っても注目されることに最初は非常に戸惑うようです。しかし、それも最初の頃だけで、慣れるにしたがい、あまり気にならなくなるようです。
>
> (4) 日本に来る外国人の多くが、日本の店の接客のよさに驚きます。どの店に入っても親切で優しく丁寧に接してくれます。何も買わずに見るだけで立ち去っても笑顔でお礼を言う接客マナーに感動します。来日したばかりの外国人が受ける日本の印象は一般的にすばらしいもののようです。
>
> (5) 日本では家に招待されたら手土産を持って行くのが一般的です。日本のように贈答文化が発達した国では地域の名産品を売る店が多くあり、そこで簡単にお土産を購入することができます。日本に長く住んでいるとそのような日本の習慣も自然と身についていくようです。
>
> (6) 寿司や刺身は日本を代表する食べ物ですが、生魚を食べたことのない国から来た人にとっては、最初はとても食べたいとは思えない代物だそうです。しかし、日本の生活に慣れるにしたがい、だんだん味わうことができるようになっていきます。
>
> (7) 日本人は自分の意見をあまり強く主張しない環境のもとで教育を受けます。したがって、面と向かっての議論は苦手です。自己主張の強い欧米人から見ると、そのような日本人の態度は頼りなく見え、自分の意見をもっていないと感じるようです。

(8) 日本に来たばかりの留学生は見るもの聞くものがすべて新しく、わくわく感でいっぱいです。日本語の先生は皆優しく、新しい友達も世界中から集まっており、興奮した毎日で留学はスタートします。
(9) 特に家族と初めて離れて暮らす人にはホームシックが起こることが多いと言えます。それが異国の地となるとさらにその寂しさは強くなります。新しい国での興奮が落ち着くと、今まで感じなかった様々な不安や心配ごとが頭をよぎるようになり、母国のことが強く思い出されるようになります。
(10) 日本に住む外国人は、日本の友達を作ることが難しいと言います。言葉の問題もありますし、文化の違いもあります。友達ができなければ、本当の意味での日本人のよさはわかりません。日本人の友達ができることが、異文化適応の第一歩となります。

2. W字曲線の適応

　外国に長年身を置き、異文化への適応が進んだ人が母国に帰国した時、外国で経験するのと同じようなストレスや違和感を感じることがあります。この現象は**逆カルチャーショック**、または**リエントリーショック**と呼ばれます。異文化に慣れ親しみ、その文化に適応した人ほどそのような傾向が強いようです。この場合、適応のプロセスは、外国で経験したU字曲線と同様のプロセスで進むことから、両方を合わせて**W字曲線**（W字型曲線、Wカーブモデル、Wカーブ仮説）と呼ばれます。

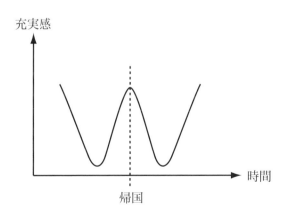

海外に長期滞在した人や留学経験のある人に逆カルチャーショックを感じたことがあるか、聞いてみると面白いでしょう。それほど大きなショックではないにしろ、何かしらの違和感をもつことが多いようです。国内でも、引っ越しで長年違う地域に住んだあと、また以前住んでいた地域に戻ると、一種の戸惑いを感じることがあります。これなども、逆カルチャーショックとして捉えることができるでしょう。

3. らせん型の適応

　異文化適応に見るU字曲線はある意味では、理想的な異文化適応プロセスです。最初からその国に興味があり、そこでの生活を夢見ていた人にあてはまるものだからです。ところが、中にはその国にはまったく興味がなく、行きたいと思ってもいなかったのに、そこでの生活を余儀なくされる人も少なくないでしょう。たとえば、業務命令による海外転勤やそのような転勤に伴う家族の移動などです。そのような人たちにとっては、ハネムーン・ステージは存在せず、初めからカルチャーショックの状態でスタートするかもしれません。

　このような場合の異文化適応を、**適応・ストレス・成長のダイナミクス**で説明することがあります[6]。初めはストレスが高くても、試行錯誤を繰り返しながら、だんだん適応に向かっていくというものです。また、その国を望んで来た人でも最初に期待が裏切られ、一番下から始まることがあります。U字曲線にあてはまらない人は、らせん型の適応で考えるといいかもしれません。

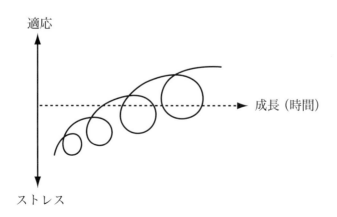

異文化適応は国外だけでなく、国内でも経験するものです。異文化への適応がスムーズに進むことが仕事や勉学における充実度を高めることになります。どんな人でも、様々な異文化適応を経験することになりますので、自分の適応プロセスを知り、どのように対処すべきかを客観的に考えられるようになることが重要です。

次の設問で、これまでの人生を振り返り、通り過ぎてきた自分自身の異文化適応のプロセスを改めて考えてみましょう。

＜考えよう２＞

あなたは外国で暮らしたことがありますか。ある人はその頃を思い出してみてください。どのような適応のプロセスを経験したでしょうか。海外生活をしたことがない場合は、日本での新しい生活（入学、就職、転職、引っ越し、結婚など）において、カルチャーショックを感じたことがなかったでしょうか。そして、どのような適応プロセスを経験したでしょうか。あなたが外国人であれば、自分はどのような適応プロセスにいるか考えてみてください。

考える ポイント

　自分自身の過去を振り返ることで、人生の中で様々な適応を経験してきたことがわかります。海外旅行では短期間で「見える文化」だけに触れて帰国するため、ステージ1だけで旅行を終えることが多いでしょう。しかし、外国で暮らしてみると、それまで見えなかった文化に直面するようになり、今までの価値観では立ち行かなくなることから、カルチャーショックに陥ることになります。海外滞在経験のある人は、その頃の生活を思い出し、具体的にどのようなプロセスであったのか考えてみてください。

　自分自身の過去を振り返ることで、人生の中で様々な適応を経験してきたことがわかります。海外旅行では短期間で「見える文化」だけに触れて帰国するため、ステージ1だけで旅行を終えることが多いでしょう。しかし、外国で暮らしてみると、それまで見えなかった文化に直面するようになり、今までの価値観では立ち行かなくなることから、カルチャーショックに陥ることになります。海外滞在経験のある人は、その頃の生活を思い出し、具体的にどのようなプロセスであったのか考えてみてください。

　日本国内でも、新入社員や大学の新入生が新しい環境に適応できずに仕事や勉強の意欲がなくなることを「五月病」と呼びますが、これなども典型的なカルチャーショックと言えます。結婚においても異文化への適応は重要な要素となります。文化の異なる二人が文化の違いを乗り越えて、適応していく様子はまさに異文化適応のプロセスそのものであるでしょう。

　現在日本で学ぶ留学生であれば、自分がどのステージにいるのか考えることは重要です。もし、不安やいらいら、焦燥感などが出ているようであれば、カルチャーショックのステージにいると言えます。カルチャーショックは誰もが経験する異文化適応のプロセスですので、あせらず深刻に考えすぎないようにすることが重要です。

異文化よもやま話 4

私の異文化適応

　私の人生の中で最初の大きな転機は、山梨の高校を卒業して、東京での一人暮らしを始めた時です。東京のような大都会は、小学校の修学旅行以来、行ったことはありませんでした。東京にある大学を受験するために、甲府駅から中央線に乗り、新宿に向かったのは忘れもしない、1973年2月のことでした。終点の新宿が近づいてくると、大きなビルが増えてきます。自然に囲まれた故郷の景色とはまったく異なる都会の風景を期待と不安が交錯した複雑な思いで眺めていました。

　東京で暮らし始めてまず困ったのは、甲州弁が使えないということでした。何気なく、「もっとこっちへこうし」と言ったところ、相手はポカーンとしています。「こうし」は共通語では「来てよ」になります。「もっとこっちに来てよ」と言ったのですが、相手にまったく通じませんでした。

　山梨の言葉はアクセントは共通語とほとんど変わらないので、方言さえ使わなければ、東京の人のように話をすることができます。しかし、そうは言っても、子どもの頃から使い続けている方言です。何気なく、ポロッと出てしまうんですね。最初の頃は、いつも使っている表現が使えないことに、ストレスを感じました。

　そういえば、甲府に住んでいた頃、他県から来た人が甲州弁はまるでけんかをしているみたいだと言っているのを聞いたことがあります。言われてみれば、男性は「おい、おまんとう、なにしてるだ？」「ほーけ、ほんなこん、してるだか」「おまん、どこのぼこだ、ちょびちょびしちょ」「だっちもねえこん、いっちょし」など、荒っぽい言葉をかなり語気強めにしゃべっています。共通語に直すと、「おい、君たち、何をしているの」「そうなんだ、そんなことをしているのか」「君はどこの子だい？おとなしくしていなさい」「くだらないことは言わないで」となります。私の両親の実家は静岡県にあったので、子どもの頃よく静岡に行きましたが、静岡の人の言葉を聞くと、とてものんびりと優しく聞こえ、人のよさが言葉に表れているようでした。

☆　☆　☆　☆

　私の子ども時代は1960～70年代の高度成長時代の真ったダ中にありました。暮らしが目に見えてどんどんよくなっていった時代です。電話、テレビ、洗濯機、冷蔵庫、掃除機、自動車、給湯器、エアコンなどの普及が進み、それまで自分の家になかった製品が次々と購入されていきました。そんな高度成長時代が一段落した頃に、東京の大学に進学したのです。

　東京に出て、初めて食べたり、飲んだりしたものも多くありました。ピザやハンバーガーなどは、東京で初めて食べました。銀座にマクドナルド1号店が出店したのは東京に出てくる1年前のことでした。コンビニのセブンイレブンが開店して、話題となっていたのもこの頃です。

　コーヒーは、東京で初めて飲みました。田舎者の私はお茶を飲むようにコーヒーをすすっていると、東京の友達から、「コーヒーはすするもんじゃないよ」と笑われ、恥ずかしい思いをしました。その頃人気のあったウイスキーの炭酸割り（ハイボール）を初めて飲んで、ちょっぴり大人の気分になったりもしました。長髪にサングラスをかけ、当時はやりのディスコ（今でいうクラブ）に通ったりしたのも大学時代です。今では考えられませんが、三畳一間や四畳半のアパートに住んでいる学生が多く、風呂は銭湯が当たり前の時代でした。

　東京に着いたばかりの頃は、東京の人の歩く速さに驚いたり、街頭で声をかけられ、英語の教材や映画の年間チケットを買わされそうになったり、不動産屋にだまされて、お金を取られたりしたこともあります。駅の売店で新聞を買おうと、広げて見ていると、新聞は立ち読みできないと怒られたりもしました。

　大きな挫折を味わったのもこの時代です。浪人をしてまで合格をめざした志望校に落ちた時のショックはしばらく続きました。その後、大学のサークル活動（マジッククラブ）に熱中することで、カルチャーショックを抜け出し、最後は充実した大学生活であったと思えるようになりました。

　今から思えば、まるで異国で暮らすかのような大きな変化を経験したのが、東京での学生時代でした。人生は大なり小なり、異文化適応の繰り返しです。だからこそ、異文化と上手に付き合っていくことが、その人の人生が充実したものになるかどうかに大きくかかわってくるのです。

第5章

シミュレーション

異文化コミュニケーションの分野では、異文化理解を深めるために様々な実践的なトレーニングが考案されています。シミュレーションは、その中でも異文化における軋轢（あつれき）や葛藤を実際に感じ取ることができる体験型学習として人気の高いトレーニング方法です。ここでは、「バーンガ」というトランプを使ったシミュレーション・ゲームを紹介します。

1. バーンガ（Barnga）

　バーンガを一言で説明すると、グループに分かれてトランプゲームをやりながら、異文化で生じる様々な軋轢（あつれき）や混乱を擬似体験するというものです。ゲームの勝ち負けによって、勝者と敗者に分かれ、グループ間を移動することで異文化を体験します。以下、筆者が実際に行っているバーンガの手順を簡単に紹介します。

1) グループ分け

　参加人数によってグループ数は異なりますが、1グループ4～6人ぐらいで行います。ここでは20人の参加者で5グループ作ることにします。グループ分けは、最初に座ったグループのままで始めるか、くじ引きなどで決めます。全員が1～5テーブルまでのどこかに着席します。

2) ゲーム全体の説明

　それぞれのテーブルが決まったら、ファシリテーターからゲームについての説明があります。ゲーム全体で3ラウンドがあり、それぞれのラウンドは10分間で、その間、複数回のゲームを行います。このゲームは「戦争」というトランプゲームに似ていて、最も強いカードを出したプレーヤーが場札をすべて取ることができます。ラウンドが終了した時に一番多くの枚数を獲得した人が勝者となり、現在のテーブルより1つ上位のテーブルへ移ります。そのラウンドで獲得した枚数が一番少なかった人は敗者となり、現在のテーブルより1つ下位のテーブルへ移動します。これを3ラウンド繰り返します。

3) ルールの説明

　ゲーム全体の説明が終わったら、トランプゲームのルールを書いた紙が全員に配られます。ファシリテーターから、これから参加者は話をしてはいけないこと、ルールに関する質問は一切受け付けないことが伝えられます。ジェスチャーだけはOKですが、字などを書いてはいけません。参加者はルールの書かれた紙を読んでから、5分間練習します。練習が終わった時点で、ルールの書かれた紙は回収されます。

4）ゲーム開始

　第1ラウンドを始めます。10分間でできるだけ多くのゲームをします。ゲームごとに自分の獲得したカードの枚数を記録用紙に記入します。「終了」という合図があったら、ゲームをやめ、それまでに獲得したカードの合計枚数を記録用紙で確認します。そのラウンドの勝者と敗者はそれぞれテーブルを移動します。勝者と敗者がテーブルを移動したら、すぐに第2ラウンドを開始します。同様にして、第3ラウンドまでゲームを行います。

5）話し合い（ディブリーフィング）

　ゲームが終了したら、参加者全員でゲームについて感じたこと、ゲームから気づいたこと、学んだことなどを自由に話し合います。最後に、ファシリテーターがまとめのコメントをし、シミュレーションを終わります。

2. シミュレーションの意義

　シミュレーション（simulation）の意義は、異文化接触において生じる認知面、感情面、行動面の変化を擬似体験することにあります。異文化コミュニケーションの実践的な訓練の中でも、最も刺激的で効果的なトレーニング方法の一つであると言われています。異文化コミュニケーションの分野では、様々なシミュレーションが考案されていますが、その中でもバーンガは手軽に実施できることから人気の高い異文化トレーニングです。

　シミュレーションは、異文化との接触において感じる違和感、ストレスを擬似体験できることから、国際的な分野で活躍する人材育成や留学予定の学生、留学生などの教育に活用されています。

　シミュレーションで重要視されるものに、ディブリーフィング（debriefing）と呼ばれるゲーム終了後の参加者による意見交換があります。これは、シミュレーションの体験を通して何を感じたか、そこから何を学び、どのように自分の生活に活かすのか、ディスカッションを通して、参加者同士の気づきを共有するセッションです。実施後、参加者は気づいたことや学んだことをもう一度振り返り、感想文にまとめると、より実践的な効果が高まります。

「バーンガ」を体験するには

　「バーンガ」は、数あるシミュレーション・ゲームの中でも比較的簡単にできることから、異文化教育では非常に人気の高いトレーニングとなっています。

　バーンガ（Barnga）は1980年に異文化間における軋轢（あつれき）を擬似体験するシミュレーションとして、西アフリカの町、バーンガでの体験をもとに Sivasailam Thiagarajan によって考案されました。当初オリジナル版は未刊行でしたが、1990年に *BARNGA: A Simulation Game on Cultural Clashes* として Intercultural Press から出版され、世界中に普及しました。その後、2006年にはバーンガ誕生25周年を記念して、最新のバージョンが発表されています。このバージョンでは、グループの人数を4人に固定し、2人ずつのペアでゲームを戦うことで、仲間意識による新たな軋轢を加えています。

　筆者はこの新しいバージョンを試しましたが、古いバージョンのほうがやりやすいと感じました。したがって、本書では新しいバージョンではなく、それ以前のやり方を紹介しています。なお、新しいバージョンを説明した書籍はインターネットを通じて簡単に購入することができますが、残念ながら、日本語訳は出ていません。この本には、ゲームを説明するルール用紙やゲーム中に参加者に指示する案内表示などが英語、フランス語、ドイツ語、スペイン語で収録されています。

　バーンガは、自治体の国際交流協会や市民学習センター、国際交流を推進するNPO団体などでしばしば行われることがあるので、そのような機会に参加することをお勧めします。体験だけでなく実際に授業や研修会などでやってみたいという人は少なくても1回以上バーンガを経験し、その上で、ファシリテーターのアシスタントをすると、どのように進めたらいいのかがよくわかります。

　筆者も不定期ですが、バーンガの講習会を教師向けに開催しています。講習会ではバーンガの体験とともに、その実施方法の説明をしています。実際の授業や研修会などでやってみたいと思っている方は、筆者のホームページ（「原沢研究室」で検索）にアクセスして開催日を確認してください。

異文化よもやま話 5

アメリカという異文化

　アメリカでの生活を始めて、最初に戸惑ったのは本場の英語です。挨拶では皆、「ハウイドゥーイング "How are you doing?"」と言ってきます。誰も "How are you?" とは聞いてくれません。英語の先生が言う「アッランタ」がまったくわからず、隣のジョージア州の州都「アトランタ」であることに気づいたのは、だいぶあとになってからのことでした。

　アメリカ人の学生は、あいづちに "Really?" を連発しますが、この単語には日本人の苦手な r と l の発音が含まれています。私も真似をして言ってみると、アメリカ人はけげんな顔をするだけです。今から思うと、たぶん、「ゆりの花 "lily"」に聞こえたのでしょう。アメリカ人との会話では、「プリなんとか」という言い方も気になりました。どうやら、この「プリなんとか」は強調する言葉として使われているようですが、辞書には載っていません。これもあとになって、"pretty" であることが判明しました。まさか「かわいい」という形容詞が強調に使われるとは思ってもみませんでした。その他にも、"water" は「ウォラ」、"little" は「リル」に聞こえます。

　聞くだけではなく、自分の発音が通じないのにも困りました。英語のクラスで、「ガールフレンド "girlfriend"」と言ってもまったく通じず、「ガバメントか？ "government?"」と聞かれた時にはショックを超えて、笑ってしまいました。舌を巻いて発音する [ɚ] が発音できなかったからです。極めつけは、スーパーでティッシュペーパーを探していた時のことです。"Tissue Paper" を探していると言うと、親切な年配の店員さんがスーパー中を探しまわって持ってきてくれたのは、和紙のような繊維質の紙でした。最後に私の意味する物がわかった時、"Oh, that's Kleenex!" と叫びました。アメリカでは「クリネックス」という商標名で一般的に呼ばれていたんです。

☆　☆　☆　☆

　アメリカで異文化を強く感じたのは、ホームステイを始めてすぐの頃でした。その家の主人はクレアという年配の女性でした。あとでクレアが話してくれた

のですが、ご主人は大学の先生をしていて、教え子の若い女子学生と恋に落ち、家族を捨ててどこかに行ってしまったということでした。隣の家も母子家庭なので、聞いてみると、その家のご主人も蒸発してしまい、どこにいるのかわからないということでした。

さらに、私のホームステイの家には、私以外に30代のアメリカ人女性と5才になる韓国系の女の子が住んでいました。この女性のもとに週末になると、年配のアメリカ人男性が必ず会いにやってくるのです。実は、このアメリカ人男性には家族がいて、家もあり、つまり、この女性とは不倫関係にあったのです。そんな関係でありながら、平然と週末には私たちの家に現れ、クレアや私とも談笑をし、帰っていくのです。クレアもそのことについてとやかく言うことはありませんでした。

アメリカの片田舎で見た中流白人家庭の様子は、私にとってショッキングなものでした。その当時の日本では当たり前の一家団欒（だんらん）の光景がアメリカでは崩壊していたのです。当時の統計によると、アメリカ人の90%が結婚し、その半数が離婚、その離婚した人の75%が再婚し、今度はその再婚した人の60%が破たんするというものでした。日本語の授業でアメリカ人留学生に家族についての作文を書かせると、義理の父や義理の兄弟と一緒に暮らしている、休みには（本当の）父の家に行く、などの記述がよく見られます。そこからアメリカの複雑な家庭環境を垣間見ることができます。

筆者の大学では毎年多くの日本人学生をアメリカに派遣していますが、その多くが現地でのホームステイを希望します。私はオリエンテーションでホームステイといっても夫婦が二人ともそろっているわけではないことを必ず伝えるようにしていました。そうしないと、学生はアメリカのホームドラマに出てくる理想的なアメリカ人家庭を想像し、現地でその現実との落差に大きなショックを受けてしまうからです。

豊かで陽気な国アメリカには、こんな現実も存在しているのです。今や日本の離婚率も30%を超えています。近い将来、日本の家庭もアメリカのような複雑な関係になってしまうのでしょうか。そうならないためにも、異文化理解の正しい知識をもつことが、私たちの日々の人間関係にとって大切であると痛感します。

第6章 違いに気づく

「宇宙人」

異文化理解の第一歩は、異なる文化の存在に気づくことから始まります。この章では、「行動」「視点」「環境」という3つの要素から生じる文化の違いに焦点を当て、人は誰でも同じように物事を見たり、考えたりするわけではないことを確認します。その上で、発想の転換を促すクイズに挑戦し、異文化への感受性を高めます。

1. 行動による文化の違い

　私たちが普段何気なくやっていることは私たちの文化の中で習慣化されたことが多いと言えます。このような無意識の行動はその国の人にとってはあまりに当たり前すぎて、気に留めることすらありません。しかし、そのようなふるまいが外国人を悩ませる原因となることがあります。次の事例は日本で実際に起こったことに基づいて作られた話です。この話の背景にはどのような行動の違いがあるのか、どうして日本人はそのような態度を取るのか、考えてみてください。

《事例1》
　アジアからの留学生のムラクさんは、この間初めてクラスメートの山田さんたちとカラオケに行きました。普段は授業が一緒でもほとんど話をしたことがありませんが、この日はお酒を飲みながら話がはずみ、山田さんととても親しくなりました。ところが、翌日学校で山田さんに会うと、昨日の親しさはうそのように、何かよそよそしいのです。まるで自分のことを避けているようです。ムラクさんは、自分が何か悪いことをしたのではないかと、心配になりました。

ヒント

　日本で暮らす外国人が日本人との交流において感じる違和感が文化の違いに起因していると明白に気づいている人は意外と少ないものです。日常生活における「見えない文化」に気づくことが、異文化を理解するためには必要です。
　この事例では、日本人が普段何気なくしている行動が実は日本人特有のふるまいであり、それが外国人を当惑させている原因となっています。外国人の戸惑いを通して初めて知ることができる日本人の習慣であると言えます。筆者も中国人や韓国人の留学生から同様の相談を受けて、初めて気がついたほどです。
　このような事例を通して、日本人の日常的なふるまいの中に日本特有の文化が潜んでいることを確認することができるでしょう。

2. 視点による文化の違い

　視点が異なると、同じものを見ても違ったものに見えることがあります。個人によって異なる場合もあれば、文化によって異なる場合もあります。たとえば、1）の絵に描かれているのは、若い女性でしょうか、老婆でしょうか。また、2）に描かれたものは、何に見えるでしょうか。

1）

2）

[解説]

1）は1888年にドイツで発表された「婦人と老婆」という有名な絵ですが、原作は作者不詳と言われています。向こう側を向いている若い女性と左を向いている老婆の姿が見えます。初めて見る人には、どちらかの姿が見えるはずです。有名な絵なので、見たことのある人も多いと思います。そのような人には両方の姿がわかります。筆者の経験では、初めてこの絵を見る人の多くには若い女性が見えるようです。

2）はルビンという人が1915年頃に考案したもので、「ルビンの壺」と呼ばれます。私たちが何かを認識する場合、認知言語学では、際立つ部分を図（フィギュア）と呼び、際立たない部分を地（グラウンド）と呼びます。通常の見方では黒い壺が図となり、白いバックが地となりますが、反対にすると、2人の人物の横顔が浮かび上がってきます。このように、同じ絵でありながら、視点を変えることで、見えるものが異なってくるわけです。

あなたには、前ページの絵の中に存在する２つの異なるものが見えたでしょうか。このように視点を変えるだけで、絵に対する印象はまったく別のものになってしまいます。次に紹介する事例も実話ですが、視点の違いが関係しています。いったい何が原因で対立が起きたのでしょうか。

《事例２》
　英語教育が盛んな日本のある小学校での話です。その小学校にはネイティブの英語教師がたくさんいます。ある日、発表会の飾りつけで、日本人教師との間に深刻な対立が起きました。それは、校舎の入り口正面に飾りつけることになった大きな「太陽の絵」についてです。さて、どのような問題が起きたのでしょうか。

ヒント

　この問題も日本社会だけにいると決して気づかない文化的な相違が原因となっています。「太陽」という毎日見ている身近なものが異なって見えるとは誰も想像しないでしょう。もし皆さんの周りに欧米人がいたら、実際に太陽を色鉛筆を使って描いてもらうといいでしょう。日本人の描く太陽とどこが違っているでしょうか。
　文化による認識の違いに気づかずに、両者とも自分の考えが正しいと主張していると対立はより深まってしまいます。しかし、文化によって認識の異なることがわかれば、解決の糸口も見えてくるはずです。

3. 環境による文化の違い

　人の価値観はその人が暮らす環境に大きく左右されます。環境が変わることで、同じものでも異なった認識がなされることがあります。次の２例は周囲の環境によって視覚が影響を受ける例です。

第6章　違いに気づく

1）次のAとBの中心の線を比べてください。どちらが長く見えますか。

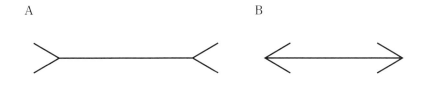

2）AとBの中心にある円は、どちらが大きく見えるでしょうか。

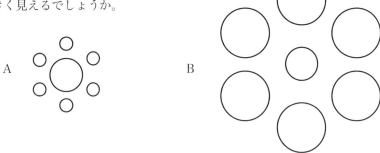

　問題として出された例は錯視（視覚に関する錯覚）と呼ばれ、多くの種類があります。人間の視覚による認識は周りの環境によって、簡単に変わってしまうことを確認することができます。

解説
1）の例は、姿勢よく胸を張って歩く人と猫背でうつむいて歩く人では同じ身長でもずいぶんと異なって見えるのと似ています。また、ファッションでも、ハイウエストのスカートやパンツ、それに、ブーツカットパンツなどが脚を長く見せるためにこの原理を応用していると言われています。
2）の例は、バスケットボールプレーヤーとしては小柄な選手（身長180センチ）でも、日本人の中に入れば非常に大きいというのと同じ理屈になります。また、太った女性が多いアメリカでは、ぽっちゃり系の日本人女性でも細い女性として見られますし、日本の女子大生は、欧米では高校生や中学生

に間違えられたりすることがあります。反対に、アメリカでは細くて頼りないと思われている男性が、日本ではスタイルがよくカッコいいと思われるなど、環境が変わることで周りの評価や認識が大きく異なります。

　それでは、環境による異なる認識が問題となった事例を見てみましょう。ここに紹介する事例も実話です。日本とインドネシアの環境の相違がこのような行き違いを生んでいます[7]。事例を読んで、その背景を考えてみましょう。

《事例３》
　インドネシアに進出した大手の部品メーカーは工場内の従業員からあるクレームを受け、驚きました。それは、工場内の照明が明るすぎるので、もっと暗くしてほしいというものでした。日本にも同じような工場がありましたが、そのようなクレームを受けたことは一度もありませんでした。結局は従業員のクレームを受け入れ、照明を落として暗くしたところ、従業員から苦情が出なくなったそうです。さて、この問題の背景にあるものはいったい何でしょうか。

ヒント

　私たちの文化は私たちの住む地域の風土と大きくかかわっています。たとえば、寒帯、温帯、熱帯などの気候の違いによって、日照時間、四季の有無、温度や湿度、雨季や乾季などの違いがあり、それが生活と密着してその国の文化を形成しています。異文化理解では私たちが住む環境が私たちの認識に大きくかかわっていることを知る必要があります。それが、異文化を正しく理解することにつながるわけです。
　この事例でも、インドネシアの気候を考える必要があります。日本と比べてどのような違いがあるでしょうか。皆さんがインドネシアと同じような気候の中で生活するとしたら、どのような気持ちになるでしょうか。日本とインドネシアの気候の違いが上の事例に見るような感覚の相違を生んでいるのです。

4. 発想の転換

　この章で紹介した違いに敏感になるためには、固定された考え方を変える必要があります。頭を柔軟にして、様々な捉え方ができるようにしなければなりません。常識を常識と決めつけず、非常識なことでも常識かもしれないと考えてみる態度が必要です。それは今までの思考回路を変えることから始まります。いわゆる**発想の転換**が異文化理解においては重要な要素となるのです。そのための訓練としてクイズをいくつか用意しました。あなたは簡単に自分の常識を捨てることができるでしょうか。

1）以下の数式を見て、最後の数式の答えを言ってください。

3 + 2 = 5	4 + 6 = 10	4 + 9 = 1
9 + 8 = 5	10 + 2 = 12	4 + 5 = 9
3 + 3 = 6	2 + 6 = 8	10 + 6 =

2）次の絵の中に書かれた文字は何でしょうか。

3）四角に囲まれた同じ数字（ 1 と 1 、 2 と 2 、 3 と 3 ）を線で結んでください。ただし、線が交差してはいけません。また、線は枠の外へはみ出してもいけません。

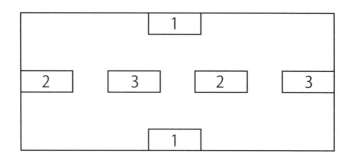

4）以下のローマ字はある順番に基づいて並んでいます。Mに続くローマ字は何でしょうか。

M　T　W　T　F　S　S　M　＿　・・・・・・

5）マッチ棒3本で三角形が1つ作ってあります。あと3本付け加えて、これと同じ三角形を合計で4つ作ってください。

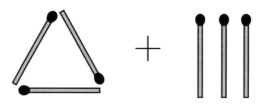

いかがでしたでしょうか。すぐに答えが見つかったでしょうか。ここでの問題は発想の転換を促すために用意されたものであり、この問題がすぐに解けた

第6章　違いに気づく

からといって、必ずしも異文化理解が進んでいるというわけではありませんので、くれぐれも誤解しないでください。ここでのポイントは、常識にとらわれない柔軟な対応が異文化において重要であるということです。

ヒント

1) はシステムを見つける問題です。新しい文化ではそこでの文化のシステムを知ることが重要です。このシステムがわからないと、いつまでたってもその文化に適応することができません。数字を数える基準をいつもと違う基準に変えてみれば、問題の解答は簡単に出すことができます。
2) は視点の問題です。白い部分ではなく、黒い部分を際立たせることで、英語4文字が浮かび上がってきます。見えない場合は上下に白い紙をあててみると見えやすくなります。
3) は理論と実践に関する問題です。頭で考えるとなかなかできませんが、実際にやってみると、意外と簡単に答えが見つかります。頭で考えてできないと思っても、あきらめないことです。
4) もシステムの問題です。それぞれのアルファベットはある単語の頭文字を表しています。順番に並ぶ英単語を想像すれば、おのずと答えは出てきます。
5) これは次元の転換が必要な問題です。私たちが紙の上で考える次元を取り払い、新しい次元で考えれば、答えがすぐに見えてくるでしょう。

―|異文化よもやま話 6|―

シドニーの思い出

　私にとって一番長く暮らした外国はオーストラリアです。1年間をシドニーで、3年間を首都のキャンベラで過ごしました。シドニーに初めて着いた時の印象は小さな町だなあというものでした。シドニーはオーストラリアで一番大きい都市だと聞いていましたので、私の感覚では東京のようなイメージをもっていたのです。しかし、ダウンタウンエリアは1時間以内でだいたい歩いて見られるほどの距離です。東京でいえば、渋谷や新宿といった感じでしょうか。その当時のシドニーの人口は320万人程度で、オーストラリアの全人口ですら1500万人でしたので、地下鉄も数本しかなかった町並みにそんな印象をもったのでしょう。（ちなみに現在のシドニーの人口は530万人で、オーストラリアの人口も2600万人になっています。）

　シドニーは海に囲まれた明るい町で、ハイドパークやパディントン、リバプール通りなど、ロンドンに由来する地名が多く見られます。シドニー港は世界三大美港の一つに数えられるだけに、シドニー湾から見る町並みの美しさは特筆に値します。海岸線ぎりぎりまで立ち並ぶ住宅を木や緑がおおっている風景は本当にすばらしいものです。シドニー湾の入り口にあるサーキュラーキーの近くには野外レストランが集まっています。そこから、シドニーのランドマークであるオペラハウスとハーバーブリッジを見ることができます。夜になるとライトアップされるので、この夜景を眺めながら味わうオージーステーキのおいしさは、きっと一生忘れることができないでしょう。

　オーストラリアは英連邦王国の一員であり、国民はアメリカよりイギリスのほうに親近感をもっているようです。オーストラリアの発音は、もともとロンドンの下町の言葉であるコックニーアクセントがもとになっていると言われます。コックニーアクセントの特徴の一つに「エイ」の発音が「アイ」になることが挙げられます。有名な話に、第二次世界大戦中にシンガポールにやってきたオーストラリア兵士が、"I came to die."「私は死ぬためにやってきた」と言って、周囲の人を驚かせたという逸話があります。"today"がオーストラリ

ア式の発音では「トゥダイ」になるわけです。実際は、"I came today."「私は今日着いた」と言っただけなんですね。

　反米感情の強い人も多く、アメリカ式の発音をすると、露骨に嫌な顔をされます。特に、rを伸ばす音をアメリカ式に舌を巻いて発音すると、「お前はどこで英語を習ったんだ？その発音はアメリカ英語だぞ」などと必ず注意されます。私も、ビザの関係で入国管理事務所に行った時、事務官の質問に、"No, I can't."「ノー　アイ　キャント」と答えたところ、「『ノー　アイ　カーント』と言いなさい。『イエス』の場合に『イエス　アイ　キャン』と言うのです。」と、かなり強く注意を受けました。アメリカ英語の発音では、canもcan'tも「キャン」に聞こえ、違いがほとんどわかりませんが、イギリス英語の発音では、肯定形を「キャン」、否定形を「カーント」という言い方で、しっかりと区別をつけているんですね。

☆　☆　☆　☆

　オーストラリアは、ヨーロッパからの移民が多い多文化国家です。私が一時期住んでいたランドウィックという地区の家の女主人も東欧出身のピアノの先生でした。この女性は私の名前を正確に発音できませんでした。私の名前は英語で"Itsuo"と書きますが、この女性は、"tsu"の発音が難しいらしく、「イツオ」ではなく「イッチュ」になってしまいます。

　ある日、部屋で勉強していると、この女性が私を呼びました。何の用かと思い、部屋に行ってみると、私を呼んだ覚えはないと言います。たぶん私の空耳だろうと思い、部屋に戻っていると、また、何度も何度も私の名前を呼ぶではありませんか。私は再度彼女の部屋に行き、"I'm sure you called me."と言いました。彼女は、"No, I didn't call you."と答えたかと思うと、「イッチュ、イッチュ」とくしゃみをしたのです。そうです、このくしゃみの音とこの女性が呼ぶ私の名前とがまったく同じ音だったのです。欧米では日本のようにくしゃみをそのまま「はっくしょん」とすることはありません。くしゃみを途中で止めるようにします。その時に出る音がまさに「イッチュ」という音だったのです。

　この出来事があってから、オーストラリア人の前で自己紹介をする時には、必ずこの笑い話をするようにしました。そうすると、皆私のことを、"Mr. Sneeze"（くしゃみさん）と言って、覚えてくれるようになりました。

第7章

異文化の認識

異文化に対する私たちの認識はどのようにして形成されるのでしょうか。たとえば、アメリカ人や中国人といわれると、私たちの頭の中に、あるイメージがわいてきます。それはどのような認知のプロセスを経て、できあがるのでしょうか。ここでは異文化に対する認識のメカニズムについて考えていきます。

1. 固定観念

　私たちは普段の生活の中で、知らず知らずにある一定の概念を作り上げています。この概念は私たちの毎日の経験の積み重ねによって生まれるものです。たとえば、バスガイドと聞くと、多くの人は制服を着た女性のバスガイド姿を思い浮かべるでしょう。しかし、実際には男性のバスガイドも数多く存在します。このように、「バスガイドは女性」という「思い込み」は、男性のバスガイドがいることを指摘されると、「バスガイドには男性もいる」という考えに変化します。それに対し、あくまで「バスガイドは女性である」という意見に固執する場合、このような考えのことを**固定観念**と呼びます。

　一般的には「思い込み」のことを固定観念として使っているケースがよくありますが、正しくは、自分の考えを決して変えることがない固定された強い観念のことを意味します。固定観念の例としては、領土問題に対する国民感情が挙げられます。当事国のどちらの国民も自国の領土であるという考えは、たとえどのような説明があっても絶対に譲ることはないでしょう。

　このような固定観念はなんらかの理由で心の中に形成され、他者の意見には耳を傾けず、その人の行動を規定する強い信念となります。私たちの生活の中には無数の思い込みが存在しており、それが固定観念へとつながる可能性があります。このような認識はどのように心の中に形成されていくのでしょうか。

<確認チェック8>

　以下の文を読み、下線部分に入れるのに一番適当だと思われる語句を下から選んでください。

　その少年は今年16歳で、ある有名な弁護士の一人息子であった。この日少年は父親の運転する車で久しぶりのドライブを楽しんでいた。その時突然不幸が二人を襲った。大型トラックが対向車線を越えてぶつかってきたのだ。車は大破し、少年と父親は即死状態で見つかった。少年の母親はその悲報を＿＿＿＿＿＿で受け取り、愕然とした。

　　a. 家　　　　b. 外出先　　　　c. 仕事場　　　　d. 弁護士事務所

皆さんは、どのような語句を選びましたか。実は、この例は物事に対する皆さんの思い込みを代弁しています。私たちの考えは、普段の生活の中で無意識に形成されているのです。

解説

　この問題は、私たちが知らず知らずのうちに身につけている思い込みについて教えてくれるものです。a. b. c. を選んだ人は、「弁護士は男性である」という思い込みによって「有名な弁護士は少年の父親である」と考えた可能性が強いと言えます。このような思い込みがさらに進み、「弁護士は男性である」という強い信念になると、完全な固定観念となります。思い込みは、このあとで扱うステレオタイプにも通じるものなので、私たちは普段からその存在に注意する必要があります。

2. ファイリング

　私たちは日常生活において様々な情報を得ています。そのような情報の中から必要なものを取捨選択して、脳内の記憶にとどめるという作業を繰り返し行っています。この記憶するという認知作用について考えます。

　これからあなたの記憶力をチェックします。以下の表にある番号を30秒間でできるだけ覚えてください。いくつ覚えることができるでしょうか。

4 7	3	1 1	3 7	2 3	6 1
7	1 7	4 3	5 9	2 9	3 1
1 3	2	1 9	4 1	5 3	5

第7章　異文化の認識

95

> 解説

　全部で18の数字がありましたが、いくつ覚えることができたでしょうか。3分の2（12個）以上覚えることができれば、かなりの記憶力があると言えるでしょう。この活動の目的は、私たちの認知活動の一つであるファイリング（カテゴリー化）のプロセスを体感することです。つまり、アトランダムに情報を覚えるのは困難ですが、あるカテゴリーの中に入れることができれば、実に簡単に記憶することができるというものです。

　私たちは、自分の周りにあふれる膨大な情報をすべて覚えることはできません。自分にとって必要なものだけを選び、頭の中に整理しています。脳内には様々な情報が蓄積されているので、同じような特徴をもつ事柄をひとまとめにして記憶します。つまり、頭の中でファイリングを行うのです。このような作業は、**カテゴリー化**と呼ばれ、人を記憶する時にも使われます。

　たとえば、これまで出会った人たちをグループごとに脳内にストックしたりします。学生や社会人という大きなカテゴリーもあれば、社会人なら会社名、学生なら大学名などの小カテゴリーもあります。外国人であれば、アメリカ人、中国人、韓国人などの国籍がそのカテゴリーの一つになるでしょう。カテゴリー化は認知言語学では**スキーマ**と呼ばれる知識構造として説明され、人間がもつ本質的で知的な脳内活動であると言えます。

　カテゴリー化を人のグループ分けに応用した場合の利点については、「記憶がしやすい」「将来の行動を予測できる」「個々の行動の意味を説明できる」の3つが挙げられます[8]。最初の利点は、膨大な情報をグループ別に分類することで脳内にストックしやすくなるということです。第二の利点は、たとえば、「今度アメリカから留学生が来る」と聞いた場合、アメリカ人というカテゴリーによって、明るい白人や黒人の留学生がやって来るのではないかなどと想像することができます。また、第三の利点は、ガムをかみながら授業を受けている留学生がいたとすると、「アメリカ人だからしょうがないよね」などと理由づけることが、これにあたります。

<確認チェック９>

以下の人に対するイメージを一言で言ってください。よいこと、悪いこと、いろいろな面があると思いますが、あなたにとって一番強いイメージを１つだけ選び、下の表に書き入れてください。

人	あなたにとって一番強いイメージ
（例）医者	白衣
政治家	
アメリカ人	

解説

　私たちの頭の中で無意識に形成される概念について考える問題です。ここに挙げたイメージが、皆さんの頭の中でファイリングされたグループを表すキーワードの一つとなります。皆さんは、上に挙げた人を見たりその人に会ったりした場合、無意識に右に書いたようなイメージを思い浮かべるでしょう。そして、そのイメージに基づいてその人を評価することになります。

　人によって、またはその人の属する文化によって、上の人に対するイメージは様々だと思います。どうしてそのようなイメージをもったのか、考えてみてください。グループでやっている場合は、その他の人のイメージと比べながら、果たしてあなたのイメージは正しいのかどうかも考えてみてください。

3. ステレオタイプ

　私たちの脳内にストックされ、カテゴリー化されたものが<u>すべて同じ特性をもつ</u>とする考え方を**ステレオタイプ**と呼びます。主に人の集団（学校、会社、宗教などに所属するグループ）や社会的カテゴリー（性別、職業、国籍などによって区別されるカテゴリー）に対して強い思い込みをもつという意味で使われることが多いと言えます。前ページの＜確認チェック９＞で書き入れたイメージでそのカテゴリーの人全員を判断しようとするとステレオタイプに陥ります。

　ステレオタイプには、個人として独自に形成される場合と社会的に共有される場合とがあります。次のジョークは、社会的ステレオタイプの上に成り立っています[9]。

　船が沈みだし、船長が乗客たちに速やかに海へ飛び込むように指示する時、一番効果的な言葉は国籍によって異なります。

　　アメリカ人：飛び込めばあなたは英雄になります。
　　イギリス人：飛び込めばあなたは紳士です。
　　ドイ ツ 人：飛び込むのがこの船の規則です。
　　イタリア人：飛び込めば女にもてるぞ。
　　フランス人：飛び込まないでくれ！
　　日　本　人：みんな飛び込んでますよ。

　このジョークを読んで面白いと感じる人は、このジョークに潜むステレオタイプを共有していることになります。ステレオタイプは複雑な集合体を単純化するために記憶しやすい半面、物事を一面的に捉え、そこに所属する個人を正しく認識できなくなるという欠点があります。

　したがって、過度の一般化を避け、全体としての傾向を認めつつ、それがすべてではないとする考え方をする必要があります。たとえば「日本人は勤勉である」はステレオタイプ、「日本人には勤勉な人が多いが、そうでない人もいる」と考えるのが正しい捉え方ということになります。

　ステレオタイプに関連するものとして、**レイシャル・プロファイリング**があります。これは、警察などの国家権力が人種や宗教、国籍といった特定の属性

を根拠に、個人を調査したり犯罪とのかかわりを判断したりするものです。日本でも外国人に対する警察官の執拗な職務質問がたびたび問題となっています。

　また、心の中に潜む負のステレオタイプを、**アンコンシャス・バイアス（無意識の偏見）** と呼ぶことがあります。たとえば、「一人っ子はわがままだ」「女性は感情的だ」「金髪の男性はチャラい」などのイメージで無意識にその人に対する判断を下すことです。政治家の不適切発言の裏にはこのような偏った見方が潜んでいると指摘する人がいます。

　毎日異文化に接する私たちは、ステレオタイプで物事を判断しないように絶えず注意する必要があると言えるでしょう。

＜考えよう３＞

あなたの周りに存在する<u>社会的な</u>ステレオタイプを３つ書いてください。

(1)

(2)

(3)

考える ポイント

　私たちの周りには無数のステレオタイプが存在しているので、探すのは難しくないでしょう。たとえば、「ドイツ人はビールとソーセージが好きである」や「九州男児は酒が強い」「ブルガリア人はヨーグルトが好きである」「先生の子どもは頭がいい」「関西人は面白い」「外国人（白人）は英語を話す」などが、そのようなステレオタイプの例です。

　ステレオタイプは固定観念と似ていますが、ある１つの強固な考えである固定観念に対し、ステレオタイプはある人に対するイメージをそのグループ全員にあてはめて考えるという特徴があります。日本人同士であれば、それぞれの地域におけるステレオタイプ、外国人であれば、その国に存在するステレオタイプを考え、話し合ってみると面白いでしょう。

― 異文化よもやま話 7 ―

思い込みの大失敗

　物事に対する私たちの認識は普段の生活で無意識に形成されていきます。このような認識は自分が生活する文化においては、共通の認識として共有されているため、あまりに当たり前すぎて気に留めることすらありません。しかし、文化の異なるところに行くと、実は、それは大きな思い込みであったことに気がつくことがあります。

　私は海外生活も長く、職業柄海外に行く機会も多いので、異文化についてはそれなりに自信をもっていました。しかし、ルーマニアでの経験は、私の認識のあり方をもう一度考えさせるよい機会となりました。

　2010年の夏、毎年ヨーロッパ各地で開かれるヨーロッパ日本語教育シンポジウムがルーマニアの首都ブカレストで開催されました。ブカレスト大学での学会発表を終え、1日自由時間ができたので、1人でブカレスト近郊にあるシナイアという避暑地に行くことにしました。ルーマニア語はまったくわかりませんが、日本で購入したガイドブックを頼りに、朝8時発の特急電車に飛び乗りました。出発時間が遅れることもなく、2時間ほどでシナイアに到着する予定でした。10時になり、そろそろ到着時刻です。車窓を眺めながら、なんとなく避暑地が近づいているのを感じていました。

　電車も速度が遅くなり、シナイアの駅はどこだろうと思っていたところ、突然電車が停車しました。周りを見ても、駅らしい建物はありません。降りる準備をしていた乗客がガヤガヤと何かを言っています。どうしたんだろう、何かトラブルが発生したのだろうかと思っていると、父親と息子らしい二人が電車の最後尾から飛び降り、線路の横を歩いているではありませんか。きっとトラブルが発生して緊急停車したので、急いでいる乗客が飛び降りたのだろうと、一抹の不安を感じながら眺めていました。乗務員も電車を降りて、線路脇で乗客と何かを話しているようです。途中で降りても、見知らぬ場所の土地勘はまったくないので、とにかく電車が多少遅れてもいいので、駅に着くまでは乗っていることにしました。

そうこうするうちに、電車がゆっくりと動き始めました。しかし、避暑地らしい場所を走っていますが、駅らしい建物はなかなか現れません。もしかしたら、さっきの停車地がシナイア駅ではなかったのかという不安がだんだん大きくなってきました。10分ほど電車が走ったあと、また停車しました。さっきと同じように駅のプラットフォームはありませんが、乗客が線路に降り始めています。「ひょっとしたら、ここは駅かもしれない」、そう思った私は急いで他の乗客に続いて、線路に降りました。

そうすると、そこでは乗務員が乗客の切符を受け取っているではありませんか。私は切符を見せながら、英語で「ここはシナイアか？」と聞くと、乗務員はすまなそうな顔で首を横に振りながら、シナイア駅はすでに通り過ぎたと説明してくれました。どうしようかと思いましたが、結局、いつ来るかわからない反対方向行きの電車を待つより、それほど遠くないので、タクシーで戻るのがいいだろうと判断して、駅前からのタクシーでシナイア駅まで行くことにしました。ルーマニアの貨幣価値が低く、500円程度でシナイアに戻ることができたのは不幸中の幸いでした。

「駅にはプラットフォームがある」というのは日本での常識ですが、ルーマニアではあてはまらなかったのです。無意識にこの常識を信じ込んでいたのが、この時大きな失敗を招いた原因だったわけです。ちなみに帰りは、電車が遅れ、2時間待たされましたが（これは想定内の出来事です）、英語のできるルーマニア人と同席になり、楽しいひと時を過ごすことができました。

☆　☆　☆　☆

シナイア事件は、私の異文化に対する認識を改めて反省させてくれました。まさかプラットフォームのない駅があるなんて、想像すらできなかったからです。自分では異文化に慣れているつもりでも、自分の想像を超えるようなことが起こりうることを肝に銘じました。ただ、シナイアに着いたかどうか不安に感じていた時に、ルーマニア語がわからなくても、一言「シナイア？」と聞いていれば、乗客の誰かが教えてくれたに違いありません。あまりに「思い込み」が強すぎた結果、それすらしなかった自分を情けなく思います。異文化ではいつでも心をオープンに、おかしいと感じたらすぐに誰かに聞いてみる勇気をもつべきであると深く反省しました。

第8章

差別を考える

差別とは相手の属性を基準に、相手の自由や人権を無視し、不当に不利益な扱いをすることを指します。異文化理解の観点から差別を考えると、異なるものの存在を認めず、否定し、自分たちだけの価値観を押しつけるという意味になります。この章では、同じ人間としての価値を認めず、異質な存在として排斥しようとする差別の意識について考えます。

1. 差別の種類

　『大辞林』で「差別」を調べると、「偏見や先入観などをもとに、特定の人々に対して不利益・不平等な扱いをすること。また、その扱い。」とあります。『広辞苑』では、「差をつけて取りあつかうこと。わけへだて。正当な理由なく劣ったものとして不当に扱うこと。」と説明しています。つまり、差別とは自分とは異なる人に対して、偏見や先入観に基づき不当な扱いをすることを意味すると言えるでしょう。このような差別には多種多様なものがありますが、ここでは、身分の違いによる差別、社会の中で生まれる差別、人種や民族に対する差別、身体能力や病気などによる差別、それら以外の差別、の5つに分けて説明することにします。

1）階級差別

　社会における階級制度として存在する差別です。日本では江戸時代の「士農工商」や部落民に対する差別があります。海外ではインドなどにおけるカースト制度や南アフリカでのアパルトヘイト、アメリカにおける奴隷制度などが有名です。いずれも現在では撤廃され、法的な裏づけはありませんが、これらの差別は現在でも様々な形で残っていると言われ、いまだに多くの問題を提起しています。イギリスは、上流階級、中流階級、労働者階級からなる階級社会であると主張する人も多くいます。

2）社会差別

　社会における立場、学歴、職業などによる差別です。男女差別もここに入れることにします。上に挙げた階級差別も広い意味で社会差別に含まれると言えます。以前の日本では、出身大学によって就職が決定されてしまうことが大きな問題となりました。社会の最下位層にいると言われるホームレスに対する襲撃なども社会差別の一つでしょう。男女による賃金格差や昇給の違い、パワーハラスメント（パワハラ）、セクシャルハラスメント（セクハラ）、アカデミックハラスメント（アカハラ）、マタニティ・ハラスメント（マタハラ）、モラル・ハラスメント（モラハラ）、カスタマー・ハラスメント（カスハラ）なども、差別の意識が原因であると考えられます。

3）人種差別

　民族・人種に対するいわれなき偏見のことを指します。日本でも日本に住んでいる少数民族や在日外国人に対して不当な差別が行われてきたと言われています。また、海外では多くの移民を受け入れている国で人種差別の問題が大きな話題となることがあります。アメリカにおける黒人差別や戦時中の日系人排斥運動もそのような問題の一つです。移民の多い国ではしばしば移民系住民に対する暴動が起きています。ヨーロッパ移民を多く受け入れているドイツでは外国人排斥運動（ネオナチ）の高まりがしばしば指摘されます。

4）身体能力や病気などによる差別

　先天的、後天的理由により身体の一部に障害が生じている人（身体障害者）や知的機能や適応行動に障害がある人（知的障害者）に対する差別が存在します。また、ハンセン病や血友病、AIDS患者などに対する理不尽な差別意識も存在します。さらに、性的マイノリティ（LGBTQ → p.199）に対する偏見も、根強く現代社会に存在しています。

5）その他の差別

　あるイデオロギーをもつ集団への弾圧や政治結社に対する迫害が政府によって行われてきた歴史があります。日本では、戦時中に治安維持法のもとに、政府による強権が発動され、特定の宗教団体や政治団体に対し、妨害や迫害が加えられたと言われています。

　その他にも、些細な理由からグループによって特定の人だけを仲間はずれにしたり、不当な扱いをしたりするいじめも差別の一種として考えることができるでしょう。

2. 差別が生まれる背景

　差別が生まれる背景にはどのようなものがあるでしょうか。一般的に言えることは、他と異なるもの、自分たちとは違うものを排除することで、自己の安定を図るというものです。そのような差別意識が生まれるきっかけとして、以下の事柄を挙げます。

1）政治的・宗教的制度の導入

　戦前のドイツにおける人種政策やヨーロッパ・アメリカなどで行われていた奴隷制度、戦後に行われたオーストラリアの白豪主義などは1つの制度として政治主導で行われました。また、ある宗教の宗派が多数を占める国ではその宗派の思想・哲学を中心に国が運営され、それ以外の人々は異教徒として、不当に差別されてきた歴史があります。

2）ステレオタイプ

　ある集団に対し、ネガティブなステレオタイプが形成されると、その集団を排斥しようとする差別が生まれます。LGBTQなどの社会的マイノリティに対する偏見やAIDS患者やハンセン病患者に対する差別もこうした間違ったステレオタイプによるものです。また、身近な人から長い間聞かされた情報は「固定観念」となり、たとえそれが事実に反していても、強烈な意識としてその人の考え方や行動に大きく影響を与えることになります。韓国や中国との領土問題は、まさに当事国の人には「自国の領土である」という確固たる信念があるため、両者が納得するような解決策を見つけるのは至難の技であると言ってもいいでしょう。

3）他者との優劣意識

　他者に対する優越感や劣等感は差別意識と深い関係があると言われます。20世紀前半まで世界を植民地化した白人（欧米人）は有色人種に対して強い優越感をもち、他の人種より優等人種であると信じていました。白人こそ最も進化した人種であるという考えが他の人種を差別する根拠となったのです。まさに自文化中心主義的な考えがその当時の欧米人の平均的な意識であったと言えます。また、反対に他者に対する劣等意識が強烈な憎しみに変わり、それが犯罪につながるケースも増えています。アメリカで多発する銃乱射事件や日本でも起こったことのある無差別殺傷事件は、社会に対する強い憎悪が引き金になっていることがあります。

　上記3つの事項以外にも、個人的経験、性格、生まれ育った環境、教育、社会状況などが複雑にからみ合い、多種多様な差別意識が生まれると言えます。

3. 差別と異文化理解

　差別と異文化理解は切っても切れない関係にあります。差別という意識が自分とは異なるものに対して抱かれる感情であるからです。以下に紹介する映像をぜひご覧になってください。人間は本質的に差別という意識をもつ生き物であることを痛感させられます。映像を見ながら、差別のない社会を作るためにはどうしたらいいか、考えてみましょう。差別を考える材料として、以下の3つの映像資料を紹介します。

1）青い目 茶色い目～教室は目の色で分けられた～
　（NHK、BS世界のドキュメンタリー、2007年10月21日放送、同11月11日再放送、45分）

　世界中の教育現場で繰り返し上映されてきた差別の実験授業（1968年）のドキュメンタリーです。小学校3年生のクラスで目の色でクラスを分けることで、あっという間に差別が生じる驚くべき映像です。ショッキングな内容ですが、私たちに差別とはいったい何なのかを深く問いかける内容となっています。この映像は1988年に放送されたNHK特集ワールドTVスペシャルを再放送したものです。NHKの番組をはじめ、オリジナル作品もYouTubeで検索すると見ることができるので、それを活用するといいでしょう。

2）特別授業　差別を知る～カナダ ある小学校の試み～
　（NHK、BS世界のドキュメンタリー、2007年10月21日放送、同11月10日再放送、42分）

　アメリカでの実験授業をもとにカナダで同様な試みを2006年に行ったものです。カナダのケベック州で「背の高さ」による差別の実験授業が行われました。子どもの姿を通して差別の本質を垣間見ることができます。この番組は2007年10月にNHKで放送され、その年の教育番組国際コンクールのNHK「日本賞」でグランプリを獲得しました。教育関係者に対しては、コンテンツの内容を学ぶ目的であれば、NHKがDVDの貸し出しをしていますが、カナダ

のオリジナルの映像（フランス語）で、英語の字幕スーパーとなっています。ＮＨＫで放送されたものには、日本人の司会者がいて、日本語の字幕スーパーが入っています。

3）es［エス］

（2001年、ドイツ映画、オリヴァー・ヒルシュビーゲル（監督）119分）

1971年にスタンフォード大学心理学部で行われた実験を忠実に再現したもので、数々の映画賞を受賞しました。新聞広告で集められた被験者を「看守役」と「囚人役」に分け、模擬刑務所で生活させるというストーリーです。「役割」を与えられた人間の心理が無意識のうちに変化していく過程は、予想を超えるものであり、2週間の実験の予定が7日間で中止になったといういわくつきのものです。DVDが2003年にポニーキャニオンから発売されています。言語はドイツ語または日本語で、ドイツ語の場合は日本語字幕がついています。

＜考えよう４＞

上記の映像の一つを見て、以下の質問に答えてください。

(1) 映像を見た感想はいかがでしたか。

----

(2) 差別に関するあなたの体験にはどのようなものがありますか。

----

(3) 世の中から差別をなくすために、私たちには何ができるでしょうか。

考える ポイント

(1) 1）と2）の実験授業のドキュメンタリーであれば、差別というものが簡単に生まれることに深い衝撃を受けるでしょう。3）であれば、権力を握ったものが次第にその権力を使って、今まで仲間だった人たちを不当に差別していく様子に恐怖心すら抱くようになります。いずれの映像でも、人間の本性を垣間見ることができ、私たちは差別することに対して絶えず意識して、そうならないように努力する必要性を痛感するでしょう。

(2) これまでの人生の中で差別と無縁だった人はいないはずです。もしかしたら、無意識に誰かを差別していたかもしれません。誰もが身近な学校や職場で、様々な差別に遭遇しているはずです。そのような経験を思い出すことで、私たちの周りに存在する差別への意識を高めます。

(3) 差別をなくすためには、私たちが異文化理解力を高め、周りの人の多様性を受け入れていくことが必要となります。その具体的な方法は1つではありません。欧米では、エスニックマイノリティや女性、障害者に対する社会的差別を是正するために、雇用や高等教育などにおいて、それらの人々を積極的に登用・選抜する措置が取られています。この措置のことを、アファーマティブ・アクション（affirmative action）と呼びますが、逆差別であるという意見もあります。

　実験授業のように、学校における教育を通して、私たちが差別の本質を知ることも重要です。人間は差別する生き物であることを認識した上で、私たち社会の構成員が差別をなくす努力をする必要があるからです。やり方は様々ですが、毎日の生活の中で、私たちにできることを一つひとつやっていくことが差別をなくす近道ではないでしょうか。皆さんの一人ひとりにとって今できることはどんなことなのか、肩肘張らないで話し合ってみましょう。

― 異文化よもやま話 8 ―

アメリカの見えない文化

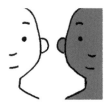

　アメリカの南部といえば、歴史的に黒人と関係の深い地域です。初めて黒人が連れて来られたのは南部のバージニア州ですが、その後、綿花栽培のプランテーションが盛んになると、その他の南部の州でも多くの黒人が奴隷として働くようになりました。私が留学したサウス・カロライナ州は、奴隷解放に反対して連邦を離脱し、南北戦争の発端となった地域ですし、東海岸にあるチャールストンには黒人奴隷が売買された市場が残っています。隣のジョージア州の州都アトランタは黒人文化の中心地として、人口600万人を擁する全米有数の大都市圏を形成しています。

　アメリカの生活で最初にできたアメリカ人の友人はセント・ポールというキリスト教の宣教師学校で学ぶ黒人青年でした。明るく礼儀正しい彼は、私の友人からも好感をもたれていました。南部といえば、黒人に対する差別が残る場所だと聞いていましたが、私が知り合った人からは、黒人に対する偏見は少しも感じることはありませんでした。どのアメリカ人と話しても、自分は黒人に対する偏見はもっていないと答えます。実際にポールは白人夫婦と一緒に生活していたし、表面的には黒人と白人との間に、日本で言われるような差別があるとはまったく感じられませんでした。

　しかし、アメリカの生活に慣れてくるにつれ、今まで気がつかなかったアメリカ人のもう一つの顔が見えるようになってきたのです。初めに気がついたのは、仲のよかったポールに引っ越しの手伝いをしてもらった時のことです。寮の生活に何の不満もありませんでしたが、アメリカ人の本当の生活を知りたいと思い、当初の計画どおり、ホームステイに移ることにしたのです。引っ越しといっても、大きなスーツケース1個に手荷物がちょっとという量でしたので、ポールの車で運んでもらうことになりました。

　ホストの家に着いて、荷物を運ぼうとした時、ポールは道に止めた車の横で「ここで待っている」と言い、家の敷地に入ろうとしませんでした。私は不思議に思いながらも荷物を玄関口まで運ぶと、出てきたホストであるクレア（白

人女性）から、どうやって来たのか聞かれました。黒人の友人に送ってきてもらったと答えると、クレアは急いで庭に出ていって、ポールに家に入るように手招きしました。そうすると、ポールはやっと家の中に入ってきたのです。まるで黒人は勝手に白人の敷地に入らないようにわきまえているかのようでした。この出来事に、アメリカ社会における白人と黒人との複雑で微妙な関係を垣間見る気がしました。

　その後、こんなこともありました。ポールと親しくなった私は、連休に彼の実家（アトランタ）に招待されました。ポールが育ったアトランタには彼が子どもの頃から通った教会があり、その日曜礼拝に連れていってもらった時のことです。地元の教会とあって、ポールは子どもの頃からの知り合いをたくさん紹介してくれましたが、その中にはこの教会の牧師夫妻（白人）も含まれていました。この夫妻は日本に滞在していたことがあり、日本の昔話に花が咲きました。

　この牧師夫人が、「ところで、」と言って、アトランタではどこに泊まっているのか聞いてきました。私がポールの家に泊めてもらっていると答えると、夫人の顔が一瞬こわばるのがわかりました。「黒人の家に泊まるなんて、信じられない」という驚きの気持ちが顔に表れたのです。ポールが子どもの頃から接し、常日頃から平等の精神を説く牧師夫婦でさえ、私が黒人の家に泊まるという事実に眉をひそめたのです。

　そういえば、私がホームステイしたクレアの家の地区は、中産階級のアメリカ人の集まっている居住地ですが、何百という家が立ち並ぶこの郊外の住宅街で黒人を見ることは、私の友人のポール以外は決してありませんでした。私のアメリカ滞在中、目に見える差別はまったく感じませんでした。しかし、目に見えない区別は厳然と存在する、これが私のアメリカで感じた正直な気持ちです。

☆　☆　☆　☆

　ここでの私の体験は1980年代の、それも、保守性の強いと言われる南部での個人的な体験です。現在では黒人系アメリカ大統領も誕生し、このような状況もかなり改善されているに違いありません。しかし、表面的には平等で、どの人種に対しても自由に生きる権利を保証するアメリカにも、表には決して現れることのない顔が存在するのも事実ではないでしょうか。

第9章

世界の価値観

世界の価値観の裏事情

世界には様々な価値観が

イタリア
きれいな女性を見たら声をかけなければ失礼（ただしきれいじゃないと声をかけられない…）

イスラムの国
男性は複数の女性と結婚できる（一夫多妻制）（ただし妻を全員平等に扱わなければならない　つまりお金と体力に自信がなければ…）

フランス
一皿ずつ時間をかけてゆっくり食べる食文化（ただし毎日食べているわけではない…）

日本
何事も時間どおりに進む非常に管理された社会　ただし病院だけは例外…　予約時間に来ても時間以上待たされたり　会議の終わる時間もですね…

←編集Hさん

　世界には様々な考え方が存在しますが、これまでの異文化コミュニケーションの研究から、多様な文化の価値観を2つの対立する考え方で説明することができます。あなたの価値観は世界の価値観の中でどのような位置を占めているのでしょうか。質問に答えながら、自分自身の考え方を確認するとともに、世界の価値観に対する理解を深めましょう。

1. 世界の価値観

　世界には数えきれないほどの文化が存在し、そこに暮らす人々の考え方や価値観は千差万別です。このような違いをネタにしたジョークは世界中にあふれています。たとえば、次のジョークはいかがでしょうか[10]。

　「あなたは沈没しかけている船の中にいます。あと1艘しか救命ボートはありません。あなたはそのボートに乗り込みますが、1人だけ連れて行くことができます。さもなければ、あなたたちは全員死ぬことになるでしょう。連れて行ける人は、あなたの母親かあなたの妻か、どちらかだけです。」
　この問題が出されると、イギリス人とサウジアラビア人から、すぐに簡単だという返事がありました。サウジアラビア人に答えを尋ねると、「もちろん、母親だ。」と答えました。この意見にイギリス人が異を唱えました。「答えは妻であるべきだ。なぜなら、いかに母親を愛していようと、母親はすでに人生の大半を過ごしている。これからの未来を共に生きていく妻が選ばれるべきだ。」と。すると、サウジアラビア人が叫びました。「母親はこの世にたった一人だけだ。しかし、妻なら、いつでも新しい妻をもつことができる！」

　この話はジョークですが、本質的な価値観の違いを見事に描いています。何人もの妻をもつことのできるサウジアラビア人にとって、妻よりも母親を選ぶのは当たり前の感覚でしょう。これに対し、妻を選ぶというイギリス人の理由もなるほどとうなずけるものです。どちらの選択も正しいのであり、どちらが正しいのかという議論は無意味なものとなります。

　このような様々な世界の価値観の中から、「個人主義と集団主義」「性善説と性悪説」「高文脈文化と低文脈文化」「ポリクロニックとモノクロニック」という4つの対立する考え方を選び、あなたの価値観と比べていくことにしましょう。以下の質問の中から最も適当であると思うものに○をつけ、その数字の合計をそれぞれ出してください。最後に、それらの点数をグラフにして、あなたの価値観の特徴を見てみましょう[11]。

１）個人主義ＶＳ集団主義

行動の規範を個人の利益に置くか、グループの利益に置くか

A	1	自分が所属するグループの決定に従わないのはよくない。
	5	個人的には反対なのに、グループが決めたことだから従うというのはおかしい。
	3	どちらとも言えない。
B	1	自分の所属するグループが変われば、私の考えも影響を受けるだろう。
	5	どのグループに所属しようが、私の考えは変わらない。
	3	どちらとも言えない。
C	1	勤務時間が終わっても、他の仲間が働いていれば帰らないほうがいい。
	5	勤務時間が終われば、いつでも家に帰っていい。
	3	どちらとも言えない。
D	1	グループのために最善を尽くすことが、それぞれの個人を守ることにつながる。
	5	個人の権利を守ることが、そのグループの強さにつながる。
	3	どちらとも言えない。
E	1	目立つことは避けたほうがいい。
	5	他と異なることはいいことだ。
	3	どちらとも言えない。
合計		

　日本人を語る時に決まって話題となるのが集団主義という特徴です。自分の存在を集団の一員として捉え、個人より集団の利益を優先するという考え方です。これに対し、個人主義の社会では、個人は集団の中でも独立して存在すると見なされ、集団より個人の利益が優先されます。集団主義社会は相互依存的であり、個人主義社会は独立独歩的であると言われます。戦後日本の高度成長を支えた会社人間はまさに集団主義の典型的な存在でした。しかし、バブル崩壊後の日本はこれまでの集団主義的価値観が薄れ、仕事より家庭、会社より個人という側面が強くなってきています。ここに個人主義に関する興味深いデータがあります。これによると、日本の個人主義の得点は46であり、世界の中

では真ん中に位置しています。日本は集団主義と個人主義の両方の特徴をもち合わせていると言ってもいいでしょう。

〔参考〕個人主義における国籍別ランキング[12]

アメリカ	91	ポーランド	60	ポルトガル	27
オーストラリア	90	オーストリア	55	マレーシア	26
イギリス	89	イスラエル	54	エジプト	25
カナダ	80	スペイン	51	チリ	23
オランダ	80	インド	48	中国	20
ニュージーランド	79	アルゼンチン	46	タイ	20
イタリア	76	日本	46	ベトナム	20
デンマーク	74	イラン	41	シンガポール	20
スウェーデン	71	ロシア	39	韓国	18
フランス	71	ブラジル	38	台湾	17
スイス	68	ギリシャ	35	ペルー	16
ドイツ	67	フィリピン	32	インドネシア	14
南アフリカ	65	ブルガリア	30	コロンビア	13
フィンランド	63	メキシコ	30	ベネズエラ	12

（得点が高いほど個人主義であり、低いほど集団主義となる。）

2）性善説ＶＳ性悪説
人間の本来の姿は善か、悪か

A	1	子どもは純真無垢な存在として生まれてくる。
	5	子どもは罪を背負って生まれてくるので浄化を受ける必要がある。
	3	どちらとも言えない。
B	1	世の中はお互いに助け合って生きていくものだ。
	5	人をあてにしないで、自分のことは自分でするようにしなければならない。
	3	どちらとも言えない。

C	1	人間関係では相手を信用することが大切である。
	5	人を信用する時は慎重に判断し、信用が裏切られる事態も想定しておくべきだ。
	3	どちらとも言えない。
D	1	子どもは生まれながらに愛すべき存在である。
	5	子どもは生まれながらに利己的なので、厳しくしつける必要がある。
	3	どちらとも言えない。
E	1	どんな人でも正しい生き方をしようと思っている。
	5	人間は誰も見ていなければ悪いことをしてしまう生き物である。
	3	どちらとも言えない。
合計		

　性善説とは孟子の首唱で、「人間は生まれながら善だが、成長すると悪を学ぶ」というもので、性悪説とは荀子の首唱で、「人間は生まれながら悪だが、成長すると善を学ぶ」という人間観です。いずれも人間は善いことも悪いこともするという意味ですが、どちらの考えに従うかによって、子どものしつけや社会における道徳観念が異なってきます。日本は儒教の影響もあり、正統的儒学の人間観である性善説に基づいた社会を築いてきました。日本では、子どもは純真無垢であると考える人が多く、多少のわがままは大目に見てあげる社会の雰囲気があります。しかし、欧米人の目には、日本人は子どもに甘く、やりたい放題にさせていると映るようです。また、社会全体が信頼関係で結ばれており、地方などでよく見られる無人販売所などはその典型的な光景と言えるでしょう。

　これに対し、欧米を支配するキリスト教（特にカトリック）では人間は生まれながら罪を背負った存在であり、バプテスマ（洗礼）により罪を清める必要があるとされます。したがって、子どもの頃からしつけは厳しく、正しい自我に目覚めさせようとするわけです。アメリカでは、生後数か月の赤ちゃんの頃から個室が与えられ、クリブ（柵つきベビーベッド）に寝かせられ、自立心を養うのが一般的です。ステレオタイプ的にあえて極論すれば、欧米社会は、人間は悪いことをするという前提の上に構築された法治国家であるのに対し、日本社会は、善である人間との絆で結ばれた信頼社会であると言えるのです。

3）高文脈文化ＶＳ低文脈文化
コミュニケーションの主な手段は言語か、言語以外の要素か

A	1	友達からの誘いを断る時は、婉曲的な表現で断る。
	5	友達からの誘いを断る時は、「いいえ（No）」をはっきり言って断る。
	3	どちらとも言えない。
B	1	転職する前にその会社に給料の明細を聞くのはやめたほうがいい。
	5	転職する前に自分の給料の額をはっきりと聞くのは当たり前である。
	3	どちらとも言えない。
C	1	「愛してる」って言わなくても、私はあなたを愛してる。
	5	「愛してる」って言ってくれなければ、あなたは私を愛してない。
	3	どちらとも言えない。
D	1	新しい職場の仕事内容は働きながらだんだん覚えていくものだ。
	5	新しい職場の仕事内容は事前にできるだけ細かく教えてほしい。
	3	どちらとも言えない。
E	1	自分の意見があっても言わないでいることがよくある。
	5	思っていることははっきりと口に出さないと気がすまない。
	3	どちらとも言えない。
合計		

　高文脈文化（High-Context Culture）とは、言語だけでなく、言外の意味や状況などによってコミュニケーションが成立する社会のことを意味します。反対に、低文脈文化（Low-Context Culture）は、伝達される情報はすべて言語の中に含まれることを前提とする社会です。日本は典型的な高文脈文化であり、アメリカは典型的な低文脈文化であると言われます。電話での応対にこの違いの一端を見ることができます。日本では、電話をかける時に「もしもし、山田さんはいらっしゃいますか」と尋ねます。誰も「山田さんと話せますか」とは聞きません。山田さんの在籍の有無を尋ねるということは、山田さんと話をしたいという意味になると考えられるからです。

これに対し、英語では、"May I speak to Mr. Yamada?"と単刀直入に聞かなければなりません。"Is Mr. Yamada at the office?"と聞いたとすると、"Yes, he is at the office. Do you want to speak to him?"などと反対に質問されてしまうでしょう。多種多様な人種によって構成されるアメリカでは言葉が伝達内容を伝える唯一の手段となっているのに対し、単一民族的な日本では長い間に以心伝心のコミュニケーション・スタイルが発達し、確立したと考えられます。

4）モノクロニックＶＳポリクロニック

時間は管理するものか、おおよその目安を表すものか

A	1	約束した時間までにはできるだけ行くようにする。
	5	約束した時間には少しぐらい遅れてもかまわない。
	3	どちらとも言えない。
B	1	手帳に予定を書き込んで、スケジュールを管理し、時間を有効に活用したい。
	5	予定はあくまで予定であり、その時の状況で柔軟に対応したい。
	3	どちらとも言えない。
C	1	仕事中に友達に会っても、軽く挨拶をして、そのまま仕事を続けるほうである。
	5	友達を見たら仕事の手を休め、ゆっくりと話をするほうである。
	3	どちらとも言えない。
D	1	連絡もなく、ドタキャンされると不快な気持ちになる。
	5	約束しても、行ける時と行けない時がある。
	3	どちらとも言えない。
E	1	計画どおりに物事が進まないといらいらするほうである。
	5	計画はあくまで目安であり、そのとおりに進むものではない。
	3	どちらとも言えない。
合計		

　スケジュールを重視し、予定を一つひとつこなしていくような時間の使い方をモノクロニックタイム（Monochronic Time ── Mタイム）、予定よりもそ

の時の状況を重視し、複数の事柄を同時に行おうとするような時間の使い方をポリクロニックタイム（Polychronic Time ── Pタイム）と呼びます。日本は元来Pタイムでしたが、明治維新後の欧米化の影響でかなり厳格なMタイムの社会となっています。南米から来た人が驚くことの一つに、テレビ番組が1秒の狂いもなく、予定どおりに進んでいることがあります。南米の国では番組の予定表はあっても、状況によって短くなったり、長くなったりすることは日常茶飯事です。そのような国では時間の管理はゆるやかであり、物事は時間どおりに進むわけではありません。これに対し、日本社会では時間は厳格に管理されており、社会のルールとして遅刻はマナー違反となります。PタイムかMタイムかによって、時間に対する考え方が大きく異なり、その違いを理解しないとその国でうまくやっていくことが困難となります。

 ここまでに見た4つの価値観の点数を以下に記入して、グラフを完成させてください。あなたのグラフはどのような形になるでしょうか。

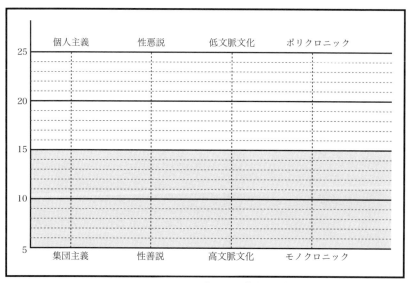

（グレイの部分が日本的な価値観を示しています）

第9章　世界の価値観

解説

　グラフの数字が低ければ低いほど典型的な日本人の価値観で生活していることになります。反対に最初の3つの価値観が高く、最後の価値観が低ければ、欧米的（ラテン系を除く、アングロサクソン系）な価値観をもっていると言えるでしょう。ただ、このグラフはどこで生活しているかによっても変化します。私たちは無意識に自分がいる文化に合わせて暮らしています。自分の所属する文化の価値観に適応することがその文化での成功につながるからです。

＜考えよう５＞

　この章で扱った世界の価値観について、以下の問いに答えてください。

(1) あなたが一番印象に残った価値観はどれでしょうか。それはなぜですか。

　　――――――――――――――――――――――――――――――――

　　――――――――――――――――――――――――――――――――

　　――――――――――――――――――――――――――――――――

(2) これまでの経験の中で感じた価値観の違いの具体例を挙げてください。

　　――――――――――――――――――――――――――――――――

　　――――――――――――――――――――――――――――――――

　　――――――――――――――――――――――――――――――――

> **考える ポイント**

　日本人の中にも様々な価値観の違いを見つけることができます。その具体例を以下に挙げますので、参考にしてください。

　「個人主義と集団主義」については、仕事中心の人か、個人（家庭）中心の人かで意見が食い違うでしょう。年配の人から見ると、休みをしっかりと取る最近の若い人の行動は個人主義に映るかもしれません。

　「性悪説と性善説」については、子どものしつけにその違いがよく現れます。子どもをどのように扱うかを考えてみてください。特に父親と母親では子どもの育て方で意見が異なることが多いものです。

　「高文脈文化と低文脈文化」については、思っていることをはっきりと口に出す人と出さない人とに分かれるでしょう。日本のような高文脈文化でははっきりと自分の意見を主張する人は「押しが強い」とか「わがまま」などと言われることが多いと思います。

　「モノクロニックとポリクロニック」であれば、都会と田舎における生活のリズムがまさにこの違いということになります。都会の人が田舎の村に行くと、まるで時間が止まったかのような印象を受けるのは、田舎のポリクロニックな生活リズムに起因するからでしょう。

異文化よもやま話 9

東日本大震災と日本人

　2011年3月11日、マグニチュード9.0の巨大地震とそれに伴う大津波が東北地方を襲いました。この地域の太平洋沿岸部は壊滅的な被害を受け、その映像はリアルタイムで地球上を駆け巡り、世界中の人々に大きな衝撃を与えました。福島県では、原子力発電所が津波で破壊され、地域一帯が多量の放射能に汚染される世界最大級の原発事故に発展しました。未曾有の大惨事に首都圏は大混乱となり、東日本の多くの地域は完全に機能不全に陥りました。

　世界中のメディアが注目する中で、被災地住民の見せた規律と秩序ある行動に世界中から賞賛の声が上がりました。中国からは、震災直後からインターネット上に「日本人は冷静で礼儀正しい」「これは教育の結果、中国は50年後でも達成できない」などの多くの声が寄せられました。アメリカの日本政治の専門家であるマイケル・オースリン氏は「日本人がこうした状況下でアメリカでのように略奪や暴動を起こさず、相互に助け合うことは全世界でも少ない独特の国民性であり、社会の強固さだ。」と強調しました。また、ジョージタウン大学のケビン・ドーク教授は、「日本国民が自制や自己犠牲の精神で震災に対応した様子は広い意味での日本文化を痛感させた。日本の文化や伝統も米軍の占領政策などによりかなり変えられたのではないかと思いがちだったが、文化の核の部分は決して変わらないのだと思わされた。」と述べました。ロシアのイタル・タス通信は「日本には最も困難な試練に立ち向かうことを可能にする『人間の連帯』が今も存在する」とコメントし、シンガポール紙は日本人の行動を「めったに遭遇することのない英雄的行為」とほめたたえました。

☆　☆　☆　☆

　このように、世界からたたえられた日本人の忍耐強さ、団結心、助け合い、道徳心の高さはどこから来るのでしょうか。この日本人の美徳については様々な説明がなされていますが、異文化コミュニケーションの観点から眺めると、意外に簡単な答えが出てくると私は感じます。それは、世界の価値観の中の「性善説VS性悪説」の説明でも触れましたが、日本は「人間は善である」という

性善説に基づいた社会を築いてきたという点です。これは信頼関係の上に成り立つ社会のことを意味します。周りの人を信じ、持ちつ持たれつ、お互いをいたわり合い、助け合う社会です。したがって、「人間は悪いことをしない」という前提の上に社会が成り立っているわけです。

　このことは毎日の生活を見れば、一目瞭然です。たとえば、商店街の小さな店の軒先にまで商品が並んでいる、一般道に面した果樹園に果物がたくさん実っている、自販機が24時間戸外に設置されている、町のどの壁にもらくがきが見当たらない（最近は大都市では見られるそうですが）、地方に行けば、無人販売所が設置されている、などの光景です。このような日本では当たり前の景色が実は海外では当たり前ではないのです。もしこれが海外であれば、店先から商品はなくなり、果樹園の果物は盗まれ、自販機は破壊され、どの壁もらくがきだらけとなり、お金が払われないで無人販売所の品物が消えていく、ということが起こるからです。

　私も海外に長く滞在していましたので、帰国すると、こうした安全な国に住む日本人の無防備なふるまいが気になりました。階段を上っていく男性の後ろポケットに財布が無造作に突っ込んであります。まるで、盗んでくださいと言っているようです。女性のショルダーバッグは開放的なものが多く、中身がまる見えです。自分の席を確保するために、かばんを置いたまま席を離れたり、夜道を若い女性が1人で歩いたりしています。日本人が海外でいとも簡単に犯罪に巻き込まれてしまうのは、こうした安全な社会にどっぷりと浸かっているため、海外でも同じような感覚で行動してしまうからです。留学生が日本に来て驚くことの一つに、置き忘れたものがなくならないでそのままそこに置いてあることを挙げます。なくしたはずのキャッシュカードや財布が戻ってくることを経験した留学生は、なんて日本人は道徳心の高い民族なんだろうと感嘆します。

　東日本大震災において海外から驚きや賞賛の声が寄せられたことで、普段まったく意識していない日本人の美徳を改めて認識させられた思いがします。未曾有の大災害が日本人の心の奥に脈々と流れる日本文化の神髄を世界に知らしめ、世界中の人々に日本という国を再評価させるきっかけとなったのではないでしょうか。

第10章

異文化トレーニング

> 実践的すぎる
> トレーニング

講義型の授業はすぐに眠くなる

それに比べ参加型のトレーニングは楽しいし刺激的である

先生 この事例 僕が経験したこととまったく同じなんですけど！
じゃあ その時の気持ちを思い出してみたら？

価値観の違いが原因で恋人と別れることになった事例
まずかったかしら…

　異文化理解能力を高めるためには、机上の空論ではない、より現実に即した学びが重要となります。そのため、異文化コミュニケーションの分野では、様々な実践的なトレーニング方法が考案されています。この章では、これらの体験型学習を紹介しますので、そのいくつかを体験してみましょう。

1. 異文化トレーニングの種類

　異文化トレーニングの主なものに、**ケーススタディ、ＤＩＥメソッド、カルチャー・アシミレーター、ロールプレイ、シミュレーション**があります。以下、これらのトレーニングについて詳しく見ていくことにします。

1）ケーススタディ
　異文化交流において実際に起きた出来事を題材に、どこに問題があるかを冷静に考えるトレーニングです。1人でもできますが、グループで話し合うことで、多角的な見方が可能になります。多くの人の異なる考え方に触れることで、出来事の奥に潜む文化の本質により近づくことができるからです。以下のケーススタディの事例を読んで、その背景にはどんな文化的相違があるのか考えてみましょう。

《事例1》
　韓国のＣ大学のキム・ヘジンさんたちは、3週間の予定で、姉妹校である日本のＳ大学に日本語研修に来ました。16人のグループで、Ｓ大学のゲストハウスに泊まりました。ゲストハウスには係の人がいて、宿舎（和室）の使い方を親切に教えてくれました。日本に着いて1週間が経った頃、グループの代表であるキム・ヘジンさんはＳ大学の事務室に呼ばれて行ってみると、朝出かける前には部屋の布団をたたみ、ゴミの分別をしっかりするように注意されました。キム・ヘジンさんは、大した問題ではないので、大学にまで知らせる必要があるのだろうかと疑問に感じました。なぜ直接自分たちに言ってくれないのか、係の人に対して不信感をもつようになりました。

ヒント
　外国人が日本で不信感をもつ代表的な事例の一つです。ゲストハウスの係の人の対応は典型的な日本人の対応例ですが、その他にも、このような対応の仕方が私たちの周りにないか考えてみることが重要です。それによって、この問題の背景となる日本文化が浮かび上がってきます。事例は

1つですが、この事例の奥に潜む日本文化を見つけることが重要です。

2）DIE メソッド

　異文化問題をより正確に客観的に考察することで、偏見のない理解をめざす方法です。DはDescription（記述）で、何が起きたのかを客観的に記述します。IはInterpretation（解釈）で、その出来事をどのように理解したのかを記述します。EはEvaluation（評価）で、その出来事の理解によってどのような判断がもたらされたのかを記述します。これらの3つの要素を2つの異なる立場から記述することで、偏りのない客観的な理解を得ようとするものです。以下の事例で実際にどのように分析するか見てみましょう。

《事例2》

　ミゲルさんはブラジル人で、ある教育機関で外国人研修生を担当しています。関西の有名私立大学を卒業していて、日本語も堪能で明るい性格です。研修生の面倒見もよく、昨夜も寮で研修生とパーティーをしていました。ここの職場ではタイムカードを使っていませんが、ミゲルさんは出勤時間に遅れてくることがよくあります。同僚の原田さんはそのことをあまりよく思っていません。今日もミゲルさんは遅れて出勤してきました。

ミゲル：原田さん、おはようございます。
原　田：（あまり愛想なく）あっ、おはよう、ミゲル。

・・

ミゲル：昨日は研修生と盛り上がっちゃいましたよ。
原　田：そうなんだ。まっ、それはいいけど、頼んどいた報告書は？
ミゲル：まだ終わってないので、これからやります。

・・

原　田：まだなの？　今日必要だから、早くしてよね。
ミゲル：わかりました。

原田さんとミゲルさんの関係が少しぎくしゃくしています。二人の会話をDIEメソッドで分析すると、下のようになります。

| ミゲルさん || 記述（D） | 原田さん ||
評価（E）	解釈（I）		解釈（I）	評価（E）
態度が悪い	原田の愛想が悪い	遅れてきたミゲルさんが原田さんに挨拶をした	また遅刻した	時間にルーズなやつだ
偉そうにしている	研修生の世話で忙しく報告書を書く時間がないのを原田は理解していない	原田さんが、依頼した報告書ができているか聞いたところ、ミゲルさんは「終わってないので、これからやる」と返答した	ミゲルは遅くまで研修生と遊んでいて、仕事をちゃんとしていない	いいかげんなやつだ
私を下に見ている	いつも私を「呼び捨て」、しかも、ため口、さらに、命令口調で話す	原田さんは報告書の早急の作成を依頼し、ミゲルさんも了承した	今日報告書ができないと困ることをわかっていない	仕事への自覚が足りない

　このように分析することで、時間や仕事、人間関係に対する考え方の違いが浮き彫りになります。時間の管理が厳しい日本とゆるやかなブラジル、研修生との付き合いも仕事と考えるミゲルさんと公私をしっかり区別したい原田さん、対等な関係を望むミゲルさんと無意識にミゲルさんを外国人として扱う原田さん。ブラジルと日本では文化が大きく異なりますので、このような二人の行き違いはよく見られることです。お互いの文化の違いを理解した上で、どのように仕事を進めるのか、率直な話し合いが必要であることがわかります。

3）カルチャー・アシミレーター（Culture Assimilator）

　カルチャー・アシミレーターは、異文化接触において生じた問題について、その原因を複数の選択肢から選び、間違っている場合は考え直し、文化背景の違いによる問題の本質を学習するトレーニングです。1人でもできますが、グループで行うと、解答の違う人たちの間で議論を交わすことができ、学習効果が上がります。以下の事例を読んで、このトレーニングを実際に体験してみましょう[13]。

《事例3》

　日本人学生のひろしは、サウジアラビアの留学生であるモハメッドととても仲がよくなりました。モハメッドは日本語もペラペラで、明るい性格なので日本人の友達もたくさんいます。今日は、友達の家でパーティーがあるということで、ひろしの車で友達の家に行くことになりました。時間はぎりぎりなので、急いで行かないと遅刻してしまいます。ところが、ひろしは車にガソリンがないのに気がつきました。急いで近くのガソリンスタンドに寄り、給油することにしました。

　ガソリンスタンドに近づくと、助手席にいるモハメッドの様子が少し変です。窓越しにガソリンスタンドを眺めていたと思ったら、急に体を沈めて、誰からか隠れているようです。ひろしは、給油中に、モハメッドの友達であるアブルがこのガソリンスタンドにいるのに気がつきました。どうもモハメッドはアブルに見つからないようにしているようでした。ガソリンスタンドを出ると、ひろしはどうしてアブルから身を隠していたのか尋ねましたが、モハメッドは笑っているだけで何も答えてくれませんでした。ひろしは、モハメッドとアブルはけんかでもしたのだろうと思いました。

　翌日、ひろしはキャンパスの中でモハメッドとアブルが親しく話をしているのを見かけ、驚きました。ひろしは、昨日の出来事を思い出し、いったい何が起こっているのか全然理解することができませんでした。

（質問）

　モハメッドはなぜガソリンスタンドでアブルを避けたのでしょうか？　次の説明の中から最も適切だと思われるものを1つ選んでください。

(1) モハメッドとアブルは非常に仲のよい友達です。しかし、モハメッドは、アブルにパーティーに行くことを言ってありませんでした。同じアッラーの神を信じるイスラム教徒として、二人の間で何の隠し事もしてはいけないことになっています。したがって、もし内緒でパーティーに行くことをアブルに知られたら、友達としてまずいことになると思い、モハメッドは思わず身を隠したのです。

(2) サウジアラビアでは、親しい友達に会ったら、じっくり話をしなければなりません。簡単な挨拶だけでは、親しい友達とは言えないからです。したがって、モハメッドは、もしガソリンスタンドでアブルと顔を合わせたら、車を降りてしばらく話をしなければならないと思いました。そうすると、パーティーの時間に間に合わなくなります。時間を気にしているひろしのことを思うと、アブルと会わないほうがいいと判断したのです。

(3) サウジアラビア人には表と裏の顔があります。イスラム教徒としての顔とプライベートにおける顔です。アラブの世界では同じ神を信じる同胞を大切にしますから、たとえ嫌いな人であっても、同じムスリムとして親しく付き合わなければなりません。しかし、プライベートでは別です。実は、モハメッドはアブルのことをあまり好きではありません。ですから、楽しいパーティーに行く前にアブルとは会いたくなかったのです。しかし、大学では別です。同じイスラム教徒としてアブルとは仲よくふるまっているわけです。

(4) モハメッドは明るい性格なので日本人の友達がたくさんいます。しかし、サウジアラビア人の間では、あまり日本人とだけ付き合うと、イスラム教の教え（酒を飲まない、豚肉を食べない、1日5または3回の礼拝など）をしっかりと守ることができなくなるという心配があります。特にモハメッドは他のサウジアラビア人と比べ、社交的で、日本人から誘われることが少なくありません。この日も、ひろしと車で出かけるところを同じ国のアブルに見られると、あとでいろいろ言われるのではないかと思い、思わず身を隠したのです。

これらの選択に対する説明は巻末の「解答例 (p.227)」にあるので、確認をしてください。もし間違っていたら、再度考察し、その他の選択肢を選び、その説明を読みます。それでも間違えたら、また選び直します。このようにして、1つの事例についてじっくり考え、文化の違いの背景を学びます。

4）ロールプレイ（Role-play）

複数の人に役を与えて演技をしてもらったあとで、その状況についてディスカッションするというものです。順序としては、まず役を演じる人にそれぞれの役の状況を説明したロールシートを渡し、どのように演じるかを理解してもらいます。演技者は内容を把握したら、実際にその役になりきって演技をします。他の学習者はその演技を観察します。ある程度のところで演技をやめ、観察者も演技者も、このロールプレイからどのようなことを感じ、学ぶことができるのかを話し合います。教室で学んでいる人は、以下の事例で、実際のロールプレイをしてみましょう。

《事例4》

マツモトさんは静岡で1年半日本語を勉強している日系の留学生です。先日東京の有名私立大学に合格しました。日本語教師である原田先生が東京でアパートを探すのを手伝うと言ってくれました。マツモトさんと原田先生は大学に近い私鉄の駅のそばの不動産屋に行きました。そこでスタッフからいい物件があると紹介され、部屋を見に行くことにしました。アパートに着くと、オーナーが現れ、親切に部屋の中を案内してくれました。マツモトさんはその部屋がとても気に入りました。不動産屋に戻ると、その部屋を借りたいと申し出ました。

① 準備

学習者の中から演技者を3人選び、それぞれの役を説明したロールシートを渡し、読んでもらいます。その他の学習者はロールシートの内容は知りません。

② 演技

演技者は、ロールシートの内容を理解したら、その内容に従って、それぞれ

の演技をします。他の学習者はそれを観察します。

③ 話し合い
　演技が終了したら、まず演技をした人に感想を聞きます。そのあと、観察していた学習者と共に、この問題について話し合います。

　この事例は、外国人の多くが経験する出来事なので、なぜそのようなことが起きるのか、貸し手の気持ちも理解しながら、話し合います。学習者に留学生がいる場合、同じような経験をしていることがありますので、そのような体験談を披露してもらうのもいいでしょう。このような差別ともいえる対応をなくすためには、どうしたらいいのか、全員で意見交換をします。

5）シミュレーション（Simulation）
　ロールプレイと同様に、体験型の活動ですが、一部の人だけが代表として参加するのではなく、全員が活動に参加します。グループごとにある役割を演じたり、ゲームに参加したりすることで、異文化接触において生じる感情の葛藤を擬似体験するものです。ファシリテーター（または、異文化トレーナー）によってトレーニングが行われ、最後のディブリーフィング（debriefing ── 振り返り）で、シミュレーションによって気づいたことや学んだことを話し合います。このシミュレーションについては、第5章で詳しく紹介してあります。

　異文化トレーニングは1人よりもグループでやるほうが効果的です。学会などの専門家の研修会だけでなく、地域の国際交流協会などが主催する異文化関連の講習会でも行われることがありますので、機会があれば参加することをお勧めします。

第 10 章　異文化トレーニング

― 異文化よもやま話 10 ―

"Great" なオーストラリア

　オーストラリア人（オージー）は、自分たちの国のことを "Down Under"（下にある国）と呼びます。オーストラリアの建国がイギリスの流刑植民地から出発しており、当時のイギリス人から見れば、イギリスの真裏に位置するオーストラリアは、まさに足元の真下にある国ということからこの言葉が生まれたんですね。欧米の世界地図から見て、右端にある日本が Far East（極東）と呼ばれるのと似ています。この "Down Under" という呼び名が示すように、1960 年代まではイギリスを本国と見なす白人中心の国家であり、白豪主義という人種政策が取られたほどです。しかし 1970 年代に入ると、労働党のホイットラム首相が白豪主義を廃止し、ヨーロッパ系中心の移民国家から、アジアを重視した多文化国家へと変貌を遂げていったのです。

　みずからを "Down Under" と呼ぶ表現からは、本国から遠く離れたというイギリス系住民の自虐的な気持ちが感じられますが、オージーは自分たちの国を "Lucky Country" とも呼びます。天然資源に恵まれた広大な国土には近代産業に必要な原材料が無尽蔵に眠っており、日本などの工業国へ輸出することで莫大な富が生み出されているからです。そのため、世界でも有数な生活水準を保ち、郊外に大きな家と庭を持ち、国民の多くが野外スポーツを思う存分楽しむことができる幸せな国であると実感しているからでしょう。

　国民に対する福祉も充実しており、私が留学していた当時（1980 年代）は、オーストラリア人の大学の授業料はゼロ、遠くから来ている学生には年 2 回の帰省費用（往復航空券）などが支給されていたほどです。また、社会を経験してから大学に入学してくる学生には授業料免除とともに奨学金が支給されるなど、至れり尽くせりの厚遇に驚いたものです。（ただし、現在ではこれらの福祉制度はほとんどカットされているそうです。）

☆　☆　☆　☆

　オーストラリアは広大な国であることから、"Great" という言葉が好んで使われます。一番有名なものは、"The Great Barrier Reef" と呼ばれる世界最

大のサンゴ礁です。クイーンズランド州の東海岸沖に位置するこの巨大なサンゴ礁は全長2,600kmにも及び、その美しさに魅せられた多くの観光客が世界中から集まってきます。

おそらく皆さんが知らない"Great"を含む表現に、"The Great Australian Adjective"（偉大なるオーストラリアの形容詞）というのがあります。どのような形容詞かというと、「ものすごい」という意味で使われる"bloody"という言葉です。もともとは「血だらけの」という意味ですが、"You bloody fool!"（このバカ野郎！）、"That's no bloody good."（そいつは全然だめだ）など、強意の表現として使われます。上品な言い方ではありませんが、オージー（男性）は好んで使います。あまりにもよく使われすぎて、"Come on, every-bloody-one of you!"（さあ、みんな来い！）や"I bloody went and shot two kanga-bloody-roos."（俺は出かけて、2匹のカンガルーのやつを撃ち殺したぜ）など、単語の中にまで入ってしまうほどです。

さらに、"The Great Australian Salute"（偉大なるオーストラリアの敬礼）というのもあります。どのような敬礼かというと、顔の前で手を前後に振る動作のことを言います。なぜ、こんな変な動作をするかというと、実は手で顔に近づく虫を追っ払っているんですね。オーストラリアのカウボーイハットのふちの周りには、無数のコルクが糸でつるされていますが、それは虫よけのためなんです。コルクが揺れて、虫が顔にたからないようにしてあるのです。つまり、それくらいオーストラリアのブッシュには虫が多く、何もしないでいると、顔中が虫だらけになってしまうということなんです。こんな動作を揶揄して、グレートな敬礼と呼んでいるわけです。

シドニー郊外にハイキングに出かけた時のことです。前を歩く友達のTシャツの背中が黒くなっているのに気がつきました。よく見ると、ハエが何十匹とたかっているではありませんか。ブッシュにはハエがたくさんいて、カラフルなTシャツの色に集まってくるんですね。ブッシュにいるハエなので汚くはないのですが、気持ちのいいものではありません。

ただ、これらのことはあくまでブッシュでの話で、シドニーやメルボルンなどの街中ではそのようなことはありませんので、オーストラリアに行ってみたいと思っている人はくれぐれも誤解をしないでくださいね。

第11章

異文化受容

ある夫婦の異文化受容

　私たちは、異文化との触れ合いによって自分とは異なる考え方の存在に気づき、そのような価値観を認め、尊重し、受け入れていくことで、自分が生まれ育った文化の殻を破り、新しいアイデンティティの創造へと向かいます。この章では、私たちが異文化を受容しながら、マルチカルチャルな人間へと成長するプロセスを見ていきます。

1. 異文化受容のプロセス

　異文化受容（acculturation）とは、異文化をもつ人々が、継続的、直接的に接触した結果、一方あるいは双方の本来の文化の型に変化が起こることを意味します[14]。私たちはどのように異文化を受容していくのでしょうか。私たちが異文化に接し、異文化を受容し、変化していくプロセスを、5つの段階で説明します[15]。

1）自文化中心の段階

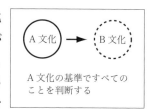

A文化の基準ですべての
ことを判断する

　第3章の「文化の特徴」の中で「文化は自文化中心主義である」と説明しましたが、人は自分が生まれ育った環境の価値基準で物事を判断します。自文化の中だけで生活していれば、特に問題はありませんが、この価値基準を異文化にも持ち込むと、自文化中心主義（エスノセントリズム）の弊害が出ることになります。一般的に他文化を低く評価する傾向があります。この段階では「見える文化」に気づいても、「見えない文化」には気づいていません。たとえば、南米のある国に赴任した日本人がシエスタ（昼寝の習慣）によって午後は店が閉まってしまうことにあきれるとしたら、日本人の価値基準で現地の生活を判断していることになります。反対に、日本で勉強する留学生が日本人のあいまいな態度や間接的な表現にいらだつのも、同様に自文化の基準で日本人を判断していることになります。このように、私たちの価値基準は生まれ育った環境によって決定されますが、それは絶対的な基準ではありません。私たちは無意識に自分たちの基準で物事を判断しようとするのです。

2）違い（見えない文化）に気づく段階

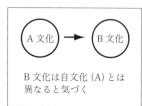

B文化は自文化（A）とは
異なると気づく

　異文化を理解するための第一歩は、まず相手が本当の意味で異なる存在であると気づくことから始まります。第6章「違いに気づく」はまさにそこに焦点を当てた内容でした。自分に近い人であっても、自分とは異なる考え方をするのだと思えば、

相手に対する接し方もおのずと変わってくるでしょう。ただし、この段階では相手との違いに気づいても、相手の価値観を正しく理解するまでには至っていません。身近な例では夫婦の価値観の違いがあります。アメリカの心理学者ジョン・グレイは、男は火星人で女は金星人であるというように、お互いを宇宙人だと思ったほうがいいとまで言っています。つまり、男女間にはそれほど、思考回路や感じ方、行動パターンに違いが存在するのです。ましてや、夫婦においては生まれ育った環境もまったく異なっています。夫婦げんかの大半はこのような根本的な違いから生じており、そこに気づくことが夫婦円満のきっかけとなります。まずは、自分の価値観とは違う価値観があるということを認めることが相手を受け入れる始まりとなるのです。

3）文化を相対的に見る段階

お互いが違っていることに気づいたら、その価値観を理解することが重要となります。たとえば、おごりの文化（1人が皆の勘定を払う文化）から日本のような割り勘文化（一人ひとりが自分の勘定を払う文化）に来た外国人は、最初は日本人の

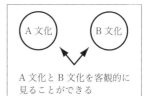

A文化とB文化を客観的に見ることができる

ことを「けちだ」と感じるそうです。これは、自国の価値基準で考えると（自文化中心主義）、割り勘をして一円単位まで払い分ける人は「お金に細かい小さい人間だ」と判断するからです。ここで、日本には自国とは違う「割り勘文化」が存在することを認めたとすると、「違いに気づく段階」となります。「文化相対主義」に進むためには、なぜ日本人はこのような「割り勘」をするのだろうかと考える必要があります。「割り勘」の背景には、ちょっとした相手の好意に対しても大きな恩義を感じてしまう日本人の繊細な感覚があります。「割り勘」をすることで、お互いに貸し借りのない対等な関係を築きたいという気持ちが働いています。このような割り勘文化の背景を理解した上で、それを受け入れて初めて、文化相対主義の見方に立つと言えるのです。

4）新しい文化を取り入れる段階

それぞれの文化を相対的に見ることができるようになると、それぞれの長所、短所を客観的に捉えることが可能となります。そうすると、異文化の中からす

ぐれた点は積極的に取り入れようとするようになります。異なっていることを進んで受け入れようとするオープンで柔軟な気持ちが生まれます。東南アジアやラテン系の国々には時間にあまりこだわらない文化が存在します。日本人の感覚では時間にルーズでいいかげんな国であると決めがちです。

しかし、そのような国の人のほうが日本人よりストレスが少なく、幸せに暮らしていると感じられることがあります。日本でも"スローライフ（slow life）"という言葉が聞かれるようになったのは、競争、スピード、効率化というこれまでの日本人の生き方とは異なる価値観を取り入れ始めたからではないでしょうか。

5）新しいアイデンティティが確立される段階

　様々な価値観を認め、それらを自分の中に取り入れることによって、新しいアイデンティティが生まれます。このアイデンティティは複合的であり、柔軟性に富んでいます。自文化（A文化）の価値観にとらわれず、ある地域ではBの価値観に、

その他の地域ではCの価値観に沿って行動することができます。このような人は多様な考え方を内包し、状況に応じて相手に合わせることが可能となります。もはやA人という枠を超えた、"地球市民"とも呼ぶべき人材になるわけです。女性初の国連難民高等弁務官として難民支援活動に取り組んだ緒方貞子さん（1927–2019）は、まさにこのようなマルチカルチャルな日本人です。幼少期を米国、中国、香港などで過ごし、日本の大学と米国の大学院で学びました。紛争の敵対勢力と向き合う彼女の能力は、国連職員や各国首脳から高く評価され、「身長5フィートの巨人」と称賛されました。生前のインタビュー記事での「日本人という意識はない。たまたま日本人だった。」という言葉が印象的です。

　私たちの異文化受容のプロセスは、これらの段階を行ったり来たりしながら進むのですが、ある状況では2段階、ある状況では3段階というように、時と場合によって異なるステージにいることもあります。次ページに、各段階の要点を整理しましたので、もう一度それぞれの段階を確認してください。

異文化受容の5つのステージ

1段階　自文化中心の段階

・自文化の価値観ですべてのことを判断する。
・「見える文化」は認識しても、「見えない文化」には気づいていない。
・無意識に自分たちの価値基準が正しいと思い込んでいる。

2段階　違い（見えない文化）に気づく段階

・自分とは違う価値観があると認めている。
・相手文化の価値観はまだよく理解できていない。
・相手文化に慣れると、その文化に合わせることができる。

3段階　文化を相対的に見る段階

・相手文化の価値観を理解し、受け入れることができる。
・自文化と相手文化を対等に見つめることができる。
・相手文化から学ぼうという姿勢がある。

4段階　新しい文化を取り入れる段階

・相手文化の価値観が、自文化の一部となっている。
・自文化と相手文化の価値観を使い分けることができる。
・自文化とは異なるアイデンティティの確立が始まっている。

5段階　新しいアイデンティティが確立される段階

・多様な価値観を自文化の中に取り入れている。
・自分が〜人というよりも、地球市民という意識が強くなる。
・どのような価値観も受け入れ、適応することができる。

<確認チェック10>
　次のような考え方や態度は、これまでに見てきた異文化受容のどの段階になると思いますか。

(1) (　　) 国連に勤める田中さんは、国際的な条例の作成にかかわり、国が違えば国の数だけの主張があることに驚いた。最初は日本人の視点で働いていたが、それではうまくいかないことがわかった。国籍の違う同僚と生活を共にし、議論を重ねるうちに、それぞれの価値観、考え方も理解できるようになった。今では多角的な見方で物事を捉えられるようになり、自分は日本人というより、世界の中の一人であると思えるようになった。

(2) (　　) 日本人はすぐに「すみません」と言う。自分が悪くないのに謝るのはおかしいのではないか。私にはそんな日本人の態度が理解できない。

(3) (　　) 日本はセレモニーがたくさんあり、形式を重んじる国である。自分の国は、堅苦しくない、インフォーマルな形式が多い。歴史の長い国ほど形式を重んじ、歴史の浅い国はそれほど形式にこだわらないと思う。どちらがいい悪いではなく、どちらも興味深い文化であると思う。

(4) (　　) 日本に来たばかりの頃は授業によく遅刻した。日本の生活に慣れた今では、授業や友達との約束にも遅れないようになってきた。でも、時間のことを気にする生活には、まだ窮屈さを感じることが多い。

(5) (　　) イタリアでの長期滞在から帰ってきた中田さんは、人生を楽しむ文化（スローライフ）が自分のサブカルチャーの一つになっていることを感じている。忙しい日本の生活の中でも、できるだけゆとりを見つけ、家族や友人との触れ合いを楽しんでいる。

(6) (　　) 新しい上司に代わったら、仕事の進め方が以前とはまったく異なり、私たち部下は非常に戸惑っている。とにかく新しいやり方に早く慣れようと皆必死でがんばっている。

(7) (　　) アメリカの大学に留学して、自分の意見を主張する重要性を痛感した。主張しなければ、相手は自分のことを理解してくれない。議論をして、初めて物事が進むのだ。一方、日本では激しい議論は和を乱すことになるので、リーダーが全員が納得できるような提案をすることで物事を進めるほうがいい。今では両方のやり方が身につき、相手によって、どちらにも

(8) (　　) 最初は妻のことを「三食昼寝付きの子育てなんて、自分の仕事に比べたら楽なもんだ」と思っていた。でも、妻と話し合ううちに、育児の大変さ、単調な生活のつまらなさ、家事が正当に評価されないむなしさなど、妻の気持ちが理解できるようになった。今ではたとえ仕事で疲れて帰ってきても、できるだけ家事を手伝い、妻をいたわろうとしている。

(9) (　　) 歯が痛かったので歯医者に行ったら、同じ診療室の中で他の患者と一緒に治療を受けた。自分の治療内容を他の患者に聞かれ、すごく嫌だった。プライバシーを尊重するという点で、日本はまだ遅れている。

(10) (　　) 私は日本ではあまりでしゃばらないように謙虚に行動するが、欧米に行ったら自分の意見をはっきりと主張する。ブラジルの友人とは、挨拶のキスをするし、抱き合ったりもする。インドネシアでは予定が急に変わってもあまり気にしない。いろいろな国で生活するうちに、自然とそれぞれの国の考え方や習慣に順応できるようになった。

　現実的な事例で異文化受容のプロセスを考えることで、より具体的なイメージがわいてくるはずです。実際は5つの段階の境界線は明確に区別されているわけではなく、どちらにもまたがるような場合もあります。これらの段階は、あくまで1つの目安であり、異なる考え方を理解し、受け入れ、自分のものとすることで、新しいアイデンティティが確立されていくプロセスをわかりやすく説明するものです。

ヒント

(1) 田中さんは国連の仕事を通して様々な価値観を自分の中に取り入れ、地球市民としてのアイデンティティを確立している。
(2) 日本人の態度について、自文化の基準で判断している。
(3) 日本と自国を客観的に見つめ、それぞれの文化の価値を対等に評価している。
(4) 最初は文化の違いに戸惑ったが、その後、生活に慣れるにしたがって、その文化に合わせることができるようになっている。しかし、その文化の価値観を正しく理解し、受け入れているとまでは言えない。

(5) 相手文化を自文化の価値観に取り入れている。日本人とは異なるアイデンティティが自分の中に形成され始めている。
(6) 新しい上司の考え方の違いには気づいているが、それ以上の理解は進んでいない。
(7) 他文化のやり方（価値観）を積極的に自分の中に取り入れ、両文化を自分の文化として使い分けることができるようになっている。
(8) 相手文化（妻）の価値観を理解し、受け入れている。自分と相手の文化を対等に見つめることができるようになっている。
(9) 自文化の価値基準で日本文化を考えている。
(10) 自分の中に多様な価値観を取り入れ、どの国でもその文化に合わせてふるまえるようになっている。

＜考えよう６＞

これまでの人生を振り返って、１から５の段階のどれかにあてはまる具体的なエピソードを考えてみてください。あなたはどの段階を経験しているでしょうか。

考える ポイント

これまでの経験を振り返ることで、あなたの異文化受容度を確認します。外国に対する考え方や外国人に対する見方などから、自分がどの段階で他文化を見ているかがわかるはずです。外国人との交流にかぎらず、学校の友人や職場の同僚、上司などとの関係においてもこの段階をあてはめることができます。夫婦関係や親子関係で考えてもいいでしょう。いずれも、ある事柄では２段階、他の事柄では４段階などと、ケースバイケースで異なる段階になることがあります。そのような複雑な現実面も実感しながら、異文化受容のプロセスへの認識を深めましょう。

異文化よもやま話 11

ブラジルの恋愛事情

　ブラジル人が情熱的なのは有名です。毎日の挨拶では体の触れ合いが基本です。男性同士であれば、握手をして肩をたたき合います。久しぶりに会う時は、しっかりと抱き合います。異性とは必ずキスをします。私が住んでいたリオでは左右の頬に2回音を立ててキスをします。サンパウロでは、左、右、左と3回キスします。キスといっても音が出ているだけで、触るか触らないかのような軽いキスです。リオからサンパウロに遊びに行った時に知り合った女性たちとのお別れでは、全員とキスを3回ずつしなければならず、大変だったのを思い出します。

　ブラジル人の挨拶にはスキンシップがつきものですから、自分たちの体臭にはとても敏感です。リオは1年中暑く、すぐに汗をかきますが、カリオカは1日に3回シャワーを浴びると言われるほどシャワー好きです。朝シャワーを浴び、外出から帰ってきて浴び、夜に再び浴びるといった感じでしょうか。ブラジル人はシャワーのあとで全身にシャワーコロンを振りかけるので、とてもいい匂いがします。2年間のブラジル滞在中に体臭で不快な思いをしたことがなかったのは、こんなブラジル人のシャワー好きのせいだったのかもしれません。

☆　☆　☆　☆

　リオで暮らした経験から、このようなブラジル人の恋愛事情を紹介してみましょう。日本では仲間内で恋人同士がいても、見た目ではすぐにはわかりません。これが、リオであれば一目瞭然です。いつもくっついて体を寄せ合い、離れることがないからです。他の友達が一緒にいようとおかまいなし、手や脚や体を触り合い、キスをしています。まるで周りの人にわざといちゃついているのを見せつけているような感じです。日本の恋人同士のように、体を触れないで一緒にいれば、二人は付き合っていないと見なされ、女性はすぐに他の男性のターゲットとされてしまいます。そうされないためにも、男性は一生懸命に女性への愛情を見せつけ、この女性は俺のものだから誰も手を出すなと言っているわけです。女性もまた、そのような男性のふるまいを自分に対する愛情の証しだと感じているわけです。

当時、私にはちょっと気になる女の子がいて、その子も私に興味があるようなそぶりを見せたことがあります。そうすると、その女の子と付き合っていた男性の私を見る視線が急に鋭くなりました。その子と私が話をしようものなら、必ず間に入ってきます。そして、私をにらんでいます。ブラジル人であれば、それをはねのけて彼女をゲットするのでしょうが、日本人の私はそこまでして彼女を奪う気持ちにはなれず、そのまま何もしませんでした。その女性からすれば、サインを送ったのに何もしてくれなかったと感じたに違いありません。ブラジルで恋愛するためには、日本人の道徳観念は捨て去り、とにかくアタックしなければならないと感じたものです。

　リオでは、家の前でいちゃついている若い男女をよく見かけました。不思議に思ってブラジル人の友人に聞いてみると、若い恋人同士（ティーンエージャー）は、二人きりの外出を親が認めないので、仕方なく女性の家の前でいちゃいちゃしているということでした。仮に外出できたとしても、兄弟や姉妹がお目付け役として同行しなければなりません。二人だけで外出できるまでに数年かかったと私の友人はため息交じりに話していました。ブラジルはカトリックの国ですので、恋愛に関しては厳しいルールがあるようです。ブラジルのサッカー代表選手（その当時）のカカが恋人のカロリーネさんと童貞と処女のままで結婚したことが話題になりましたが、敬虔なカトリック教徒にとっては、まさに理想的なカップルということになるのでしょう。

　カカの例は特別としても、正式な恋人としてのお付き合いのことをポルトガル語でナモラー"namorar"といい、キスやべたべたはしますが、最後の一線は簡単には越えないということらしいです。これに対し、フィカー"ficar"という本気ではない付き合い方があります。知り合った日からキスもしたり、べたべたしたりもしますが、決して付き合っているわけではないので、同時に他の異性と出かけてもまったく問題がないという、ちょっと日本人には理解できない付き合い方です。ナモラーは結婚も視野に入れた真剣なお付き合いで、周りも二人を恋人として認めますが、若いブラジル人たちは、そんな責任感や道徳感の強いナモラーよりも、気楽なフィカーだけの情事を楽しんでいるようです。恋愛ではないので、カトリック教の厳しい教えには抵触しないというのが、ブラジル人の解釈なのかもしれません。

第12章

自分を知る

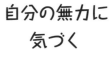

自分の無力に気づく

　異文化コミュニケーションでは相手文化を知るためにも、自文化を客観視する必要があります。自文化を知るためにはまず自分自身のことを正しく理解する必要があるでしょう。この章では、自文化の原点である自分自身を見つめ、その上で、相手のことを積極的に評価することで、よりよい人間関係が生まれることを確認します。

1. ジョハリの窓

　ジョセフ・ルフトとハリントン・インガムという心理学者は、自分自身を客観的に見つめるために、4つの窓から考えることを提案しました。この窓は、二人の名前を取って、**ジョハリの窓**と呼ばれます[16]。

	自分が知っている	自分が知らない
他の人が知っている	1 自己開示の窓 (Open Self)	2 盲目の窓 (Blind Self)
他の人が知らない	3 秘密の窓 (Hidden Self)	4 未知の窓 (Unknown Self)

　第1の窓は**自己開示の窓**で、誰もが知っている部分です。皆さんは、自分自身についてどれくらい自己開示しているでしょうか。それによって、この窓の大きさが決まってきます。

　第2の窓は**盲目の窓**と呼ばれます。周りの人はそう思っているにもかかわらず、本人がまったく気づいていない部分です。

　第3の窓は**秘密の窓**です。人には決して口外しない隠された部分です。多かれ少なかれ、秘密は誰もがもっているのではないでしょうか。

　第4の窓は**未知の窓**と呼ばれます。自分も知らないが、他の人も知らない、あなたにとって無限の可能性を秘めた部分です。

　ジョハリの窓は私たちに、自分が知っている部分は第1と第3の窓だけであり、自分の知らない第2や第4の窓が存在することを教えてくれます。ジョハリの窓を考えることは、客観的な自分の姿を考える手掛かりとなるでしょう。

1）4つのタイプ

ジョハリの窓はどの窓が一番大きいかによって、以下の４つのタイプに分類されます。

A（「自己開示の窓」が大きい人）：自己開示度が大きいだけでなく、他の人の自分に対する反応への感受性が高いとされます。積極的で明るい人が多いタイプですが、自己開示があまりに大きすぎると、反対に相手に迷惑がられることになります。

B（「秘密の窓」が大きい人）：Aタイプとは反対に、自己開示が小さいため、他者とのコミュニケーションが困難になる可能性があります。自分自身についてほとんど語らないため、ミステリアスな人だと思われることが多いかもしれません。

C（「盲目の窓」が大きい人）：他の人の自分に対する反応への感受性が低いとされます。周りの雰囲気に疎いとされる"KY"と呼ばれる人や人の意見を聞こうとしない頑固な人に多いタイプです。独裁者と呼ばれる人はこのタイプが多くなります。

D（「未知の窓」が大きい人）：自己開示度が少なく、他の人の自分に対する反応への感受性も低いとされます。年齢が若く、まだ自分に自信をもてない人などが、このようなタイプになります。

異文化理解の観点から４つの窓を考えると、第１の窓が重要となります。他者とのコミュニケーションにおいては、積極的に自己開示をすることで、周りとの信頼関係が構築されるからです。したがって、上の例で言えば、Aタイプが理想的な窓の姿に近いということになるでしょう。

ワーク6 あなたの自己開示度について、実際の状況に即して考えてみることにしましょう。次の1から10の話題について、異なる7人の相手にどの程度まで自己開示するか、0から3までの数字で表してください。具体的な人を頭に描いて、考えるといいでしょう[17]。

何も話さない＝0　少しだけ話す＝1　ある程度話す＝2　詳しく話す＝3

話題＼相手	両親 母	両親 父	配偶者 恋人	友人 同性	友人 異性	見知らぬ人	信頼しない人
1．テレビ番組							
2．家族のこと							
3．将来の夢							
4．相手に対する好意							
5．相手の嫌なところ							
6．収入							
7．金銭問題							
8．自分の欠点							
9．病気やけが、手術							
10．男女の役割							
平均点（合計÷10）							

＊該当者がいない場合は書かなくてもかまいませんが、過去に実在した場合は、その時のことを思い出して記入してください。
＊「見知らぬ人」は、たまたま店先や電車、バスなどで話を交わした人のことです。
＊「信頼しない人」は、知り合いの中で信頼を置いていない人のことを意味します。

平均点が出たら、得点の高い人から順番にグラフに書き入れてみましょう。皆さんの自己開示はどのようなグラフを描くでしょうか。

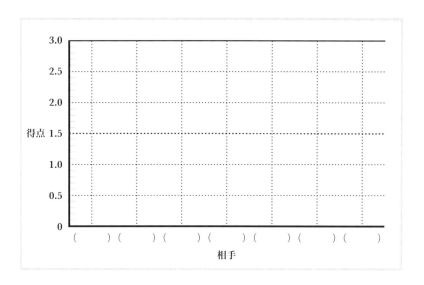

グラフが完成したら、以下のことを確認してみましょう。

(1) あなたが最も自己開示する相手は誰でしょうか。

---

(2) あなたのグラフは、次ページで示されるどの自己開示のタイプに近いでしょうか。

　最も自己開示する相手は人によって異なるので、自分が一番信頼する人は誰なのかを知っておくことは重要です。また、自己開示のグラフを作成することは、自分がどのようなコミュニケーションを取っているのか、客観的に考える資料となります。自己開示の傾向を知ることで、コミュニケーションを改善する手掛かりとしてください。

あなたはどんな人？

標準タイプ

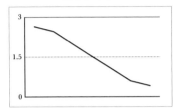

親しい人には詳しく、親しくない人には挨拶程度の話をする人です。

話下手タイプ／クールなタイプ

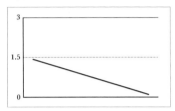

自分のことを話すのが苦手な人です。親しい人にもあまり話しません。

人見知りタイプ／好き嫌いはっきりタイプ

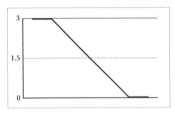

親しい人には何でも話しますが、親しくない人にはほとんど話さないタイプです。

秘密主義タイプ

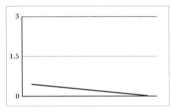

誰に対しても自分のことはほとんど話さない秘密のベールにおおわれた人です。

話好きタイプ

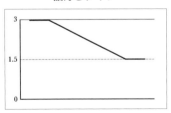

初めて会った人を含め、誰に対しても何でも自分から話すタイプです。

社交的タイプ

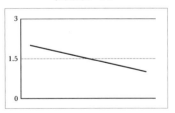

どんな人とも、一定の距離を保って、自己開示ができるタイプです。

自己開示の深さは文化だけでなく個人によっても異なります。あなたの自己開示のグラフにはどのような特徴があったでしょうか。ここで見るグラフは、典型的なものを示していますが、皆さんのグラフはかぎられた情報をもとに作成されていますので、これであなたのタイプが決定されるわけではありません。あくまで参考資料としてお考えください。

2. いいとこさがし

どんな人にでも長所と短所があります。周りの人とのコミュニケーションでは進んで相手の長所を認め、メッセージを発信していくことが相手との円滑な関係を作り上げるポイントとなります。肯定的な見方で相手を見つめることは、同時に自分自身を肯定的に認めることにつながります。よりよい人間関係を築くためには、前向きで積極的なコミュニケーションを心がける必要があります。

ワーク7 あなたの周りにいる人のいいところを積極的に探しましょう。それぞれ具体的な人を一人ずつ特定して、その人のいいところをできるだけたくさん書いてください。決してマイナスな評価はしないように気をつけてください。

人	いいところ（具体的な内容）
家族の一人 （　　　　）	
友人 （　　　　）	
自分が苦手な人 （　　　　）	

前ページの表を見て、どのように感じますか。この記述を通して、感じたこと、気づいたことを書いてください。

_____

_____

_____

解説

　身近な人を肯定的に見直してみると、今まで気がつかなかったいいところがたくさん出てくるはずです。そのような見方でその人と接するようにすれば、お互いのコミュニケーションが改善されていきます。世の中には完璧な人など存在しません。誰にでも長所と短所があります。短所より長所を認めて、それを積極的に評価し、発信していけば、今までとは違う人間関係が生まれるはずです。

＜教室でやる場合＞

　教室で行う場合は、グループごとにグループ全員に対するよい面を記入します（詳しくは解答例 pp. 229–230 参照）[18]。時間が来たら、それぞれの人ごとに紙を集め、自分に対する肯定的な評価を確認します。その上で、以下のことについて、グループで話し合います。

(1) あなたは、自分のいいところを読んで、どのように感じましたか。

_____

_____

_____

(2) この活動からどのようなことがわかり、それを皆さんの生活にどのように役立てることができるでしょうか？

[解説]

　「いいとこさがし」はグループで活用すると、非常に効果的です。どんな人でも自分のいいところを読むのは気分がいいものです。グループの人が自分に対してこんなによく思っているのだと感じると、グループ全員に対する信頼感が強くなるでしょう。この活動を通して、ポジティブに物事を考えることで人間関係がスムーズになることを実感します。また、このような態度は異文化交流においても同様であり、どんなことにも前向きに考えることの重要性を認識させてくれます。

　人によっては、書かれた内容が表面的で、本当の姿を反映していないと批判することがあります。しかし、表面的であろうとなかろうと、他の人がそのように感じたことは事実です。誰にもいいところ、悪いところはあるはずです。そのいいところを見る訓練として、このアクティビティを捉えています。もし、書かれた内容は単なる外交辞令で、本当ではないと思う人がいたら、とてもネガティブな捉え方だと言えます。そのような人には、ネガティブからポジティブな考え方に変わることが、他者とのコミュニケーションを円滑にする方法であることを知ってもらう必要があります。

　さらに、自分では予想もしなかったよい面が指摘され、ジョハリの窓の「自分が知らない面」を知るきっかけとなる人も少なくありません。アクティビティが終わると、どのグループも明るく満足感でいっぱいになります。個々人で様々な学びがあるので、グループによる話し合いを深める時間をしっかりと取りたいものです。

― 異文化よもやま話 12 ―

異文化理解の原点、男と女

「男と女の間にはふかくて暗い河がある」1970年代にヒットした「黒の舟唄」の有名なフレーズです。男性と女性の間には埋めることができないほどの大きな違いが存在することを、哀しいメロディーとともに静かに語りかけてきます。盲目の歌手、長谷川きよしさんや加藤登紀子さんらが歌い、歌詞の内容が多くの人の共感を呼びました。

私が先妻（先妻は病気で亡くしています）と結婚式を挙げた時、来賓の方がされたスピーチを今でも覚えています。その方は、「夫婦生活はまさに堪忍袋を背負って歩くがごとし。ならぬ堪忍、するが堪忍。堪忍袋が破れたら縫い、破れたら縫い、人生を歩いていってほしい。」と述べられたのです。この時の私は、この言葉の本当の意味がわからず、自分にはまったく関係のないことだと思っていました。今から思うと、なんてノー天気で、浅はかな考えだったかと恥ずかしく思います。その後、このスピーチの意味を思い知らされるようになるとは、この時点では想像すらできませんでした。

男女間の違いについて書かれた書籍は書店にあふれています。世界中で翻訳され、ミリオンセラーとなった作品に、ピーズ夫妻の『話を聞かない男、地図が読めない女』とジョン・グレイ博士の『ベスト・パートナーになるために──男は火星から、女は金星からやってきた』があります。どちらの本も男女間の理解しがたい溝をユニークな視点から解説していてとても興味深いものですが、ジョン・グレイ博士の本は私にとって非常にインパクトの強い作品でした。「男は火星から、女は金星からやってきた」というキャッチフレーズが最高だったからです。まさに、相手を宇宙人にたとえることで、男女間に横たわる根本的な問題点を浮き彫りにしています。

☆　☆　☆　☆

先ほど、先妻を病気で亡くしたと書きましたが、先妻との実質的な生活は1年ぐらいで、最初の子どもを産んですぐに病に伏し、数年後に帰らぬ人となりました。病気になるまでの間は、他愛のない夫婦げんかもありましたが、それ

なりに幸せな新婚生活を送っていたと思っていました。ところが、妻の遺品を整理していて、日記のような妻のメモ書きを読んだ時、私は驚きました。そこには、私に対する不満が書き連ねてあったからです。そう言えば、妻の愚痴にまったく取り合わず、ただ聞き流していた自分を思い出しました。妻の本心に戸惑いながらも、その時の私はあまり反省することもありませんでした。

本当の意味で、私が男女間の異文化を実感したのは、現在の妻と一緒になった２度目の結婚の時です。付き合っている時にはそれほど感じなかったギャップを、結婚後すぐに感じるようになったからです。家庭環境の違い、年齢差によるギャップ、お互いに期待するものの相違などから、けんかが絶えることがありませんでした。今から思うと、私は男の論理、妻は女の論理で口論していたと思います。一致点はいつまで経っても見つかりませんでした。

異文化適応のプロセスでいえば、まさにカルチャーショックのステージがしばらく続きました。口論しているうちに、だんだん、二人の埋めがたい溝に気づくようになり、お互いに妥協するようになってきました。適応開始のステージに入ったわけです。互いの違いを認め、相手の考えを尊重するようになると、けんかの回数が激減しました。今では、自分の主張を押し通すことを控え、できるだけ妻の考えに沿うように努力しています。家の中を仕切っているのは妻である以上、妻中心の生活にするのが最善であると気がついたからです。いくら私が努力しても、３人の子どもはいつの間にか妻の側に立ち、家では勝ち目がないことも悟りました。

妻の感じていることはなんとなくわかるようになりました。しかし、女性としての妻の本質的な部分を理解できているかと言われると、確信をもって「はい」とは言えません。残念ながら、私の妻に対する異文化受容は、まだ２段階から３段階にいると言わざるをえません。妻のすべてを理解するのは至難の業だと感じているからです。したがって、今の私にできることは、妻に幸せを感じてもらえるように自分なりに努力すること、それが、我が家の平和、一家団欒（だんらん）につながるわけです。異文化適応は、異文化に慣れ、上手に付き合っていければ、適応したと考えることができます。しかし、本当の意味での異文化理解はそこからが始まりです。その意味で、私にとって、妻という異文化理解は永遠に続くテーマなのかもしれません。

第13章

非言語コミュニケーション

ジャパニーズ ミステリアス スマイル

コミュニケーションは言葉だけで成立するのではありません。コミュニケーションのかなりの部分は非言語によっても表されます。しかし、この非言語コミュニケーションの重要性に気づいている人はそれほど多くありません。この章では、普段意識することのない様々な非言語メッセージについて、考察を深めます。

1. 非言語コミュニケーションの重要性

　皆さんは、私たちのコミュニケーションにおけるかなりの部分が非言語メッセージによるものであることを知っていますか。非言語コミュニケーションの研究者であるバードウィステルは二人の会話の65％が動作やジェスチャーなどの非言語によるものであると報告しています。また、心理学者マレービアンの研究によれば、人から受けるインパクトの実に93％が言語以外のメッセージ（声の調子＝38％、表情＝55％）から来るそうです。

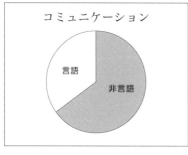

バードウィステル

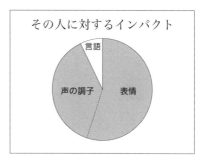

マレービアン

　しかし、このような非言語によるコミュニケーションの重要性に気づいている人はあまり多くありません。そこで、このような非言語によるメッセージの伝達は私たちのコミュニケーションにおいて、どれくらい重要なのか、実際に考えてみましょう。

ワーク8　次のスキットはファストフード店での店員と客の会話です。接客を担当するマネージャーであるあなたは、このスキットに対応する接客マニュアル表を完成させなければなりません。あなたは、どのような接客態度を店員に求めますか。

客に対する店員の対応例

店員：いらっしゃいませ。店内で、お召し上がりでしょうか。
客：いえ、持ち帰りです。
店員：かしこまりました。ご注文はお決まりでしょうか。
客：（メニューを見ながら）　えーと、何にしようかなあ。チーズバーガーセットでお願いします。
店員：お飲み物は何になさいますか。
客：何があります？
店員：コーヒー、紅茶、コーラ、ファンタ、オレンジジュース、アップルジュース、野菜ジュース、アイスウーロン茶がございます。
客：じゃあ、アイスウーロン茶にします。
店員：かしこまりました。ポテトのサイズはS、M、Lのどれにいたしますか。
客：Lサイズでお願いします。
店員：かしこまりました。お会計は合計で800円になります。お支払いはどのようになさいますか。
客：PayPayでお願いします。
店員：かしこまりました。では、バーコードをご提示ください。
客：（片手でスマホのバーコードを提示する）
店員：（バーコードリーダーでバーコードを読み取る。ピッ）
　　　ありがとうございました。しばらくお待ちください。
　　　（カウンターの裏でチーズバーガーセットの準備をする）
　　　お待たせいたしました。チーズバーガーセットで、ポテトLサイズとアイスウーロン茶になります。お飲み物が入っていますので、お気をつけてお持ちください。
　　　（両手で商品を客に渡す）
客：（商品を受け取る）
店員：ありがとうございました。またのお越しをお待ちしております。

接客マニュアル表

	接客態度
表情・視線	
挨拶	
話し方・声（大きさ・質・トーン）	
身だしなみ	
体全体の動き	

解説

　あなたがこの表に書き込んだ接客態度がすべて非言語コミュニケーションとなります。ここに書かれた態度を無視して接客することは不可能でしょう。このことから、客に対する接客マナーは非言語行動がなくては成立しないことがわかります。それほど、非言語コミュニケーションの重要性は高いわけです。このことを確かめるために、上に見る非言語行動を一切使わないで接客をやってみるといいでしょう。おそらくコミュニケーションそのものが成り立たなくなるはずです。

2. 非言語コミュニケーションの種類

　「ワーク8」で確認したように、私たちのコミュニケーションにとって、非言語メッセージはなくてはならないものです。このような非言語コミュニケーションは、1）身体動作、2）身体的特徴、3）接触行動、4）パラ言語、5）空間、6）人工品、の6種に分類することができます[19]。以下、これらの分類について説明します。

1）身体動作

ジェスチャー、姿勢、体の動き、表情、視線など

　OKサインは国によって様々な意味があります。フランスでは「ゼロ」で、「3」を意味する国もあります。アメリカでは「OK」、日本では「OK」の他に「お金」の意味もあります。南米ではこのサインを上下反対にすると、おしりの穴を意味し、強烈な侮辱のサインとなるので、注意が必要です。ウインクは日本でするとキザに思われるので、ほとんど見る機会はありませんが、筆者がブラジルに滞在していた時には、挨拶時に同性の友達からよくされたのを思い出します。

2）身体的特徴

体つき、皮膚の色、体臭、口臭、頭髪など

　体の大きさはそれだけで相手に大きなインパクトを与えます。また、白人や黒人など、日本人と肌の色の違う人は日本ではかなり目立ちます。アフリカから来た黒人留学生がエレベーターから出ようとした時、エレベーターを待っていた子どもに（怖くて）泣かれた話を本人から聞いたことがあります。私たちは何もしなくても存在するだけでメッセージを発していると言えるでしょう。

3）接触行動

肩や腕を組む、握手やキス、抱擁による体の触れ合いなど

　韓国は日本よりスキンシップが多いと言われます。仲のよい女性同士が手をつないで歩くのはよく見られる光景です。日本ではあまり見ない習慣です。日本人女性と仲よくなった韓国女性が手をつなごうとして、やんわり拒否され、ショックを受けたという話を聞いたことがあります。ブラジルでは挨拶時に体の接触が頻繁にあります。男性同士は握手したり肩をたたいたり、抱き合ったりします。異性間ではキスを両頬にするのが一般的です。日本では子どもの頭をなでたりします。

4）パラ言語

> 声の質や調子（トーン・高低）、沈黙（間）、くしゃみ、
> せき、笑い声、口笛など

　言葉以外の音はすべてパラ言語になります。自分がここにいるよと知らせるせきはパラ言語です。同じように、トイレの水を流す音でトイレの様子をわからなくさせるのも、広い意味でのパラ言語に含まれます。興奮して話す女性が思わず手をたたくのもパラ言語です。また、フィンガースナップ（指パッチン）や口笛などもそうです。日本では年配の男性の話し方を聞いていると、息を吸う音を出しながら話すことがあります。欧米では見られない話し方で、この話し方を真似する留学生もいるほどです。

5）空間

> 対人距離や座席の取り方、土地や空間の使い方など

　授業をしていると、大学の教室で席がたくさん空いている場合、日本人は仲がよくても間の席を１つ空け、そこに荷物などを置いて座るのをよく見ます。これに対し、中国人留学生は横に並んで一緒に座ることが多いと言えます。また、日本では家の周りを塀で囲みますが、アメリカではフェンスで囲った家をあまり見たことがありません。このように、空間に対する考え方は文化によって異なります。

6）人工品

> 服装や装飾品、かつら、化粧品、香水など

　その人の身につけるものはそれだけでメッセージを発しています。昔から教師はあまり華美な服装をするなと言われてきましたが、それは、教師の放つメッセージが学習の妨げになるのをいましめたからでしょう。ファッションや身につける装飾品などからその人がどのようなタイプの人かだいたい想像がつくのは、これらの強いメッセージによるものです。リクルートファッションはその最たる例です。

日本人に多い非言語コミュニケーションにはどんなものがあるか、具体的に考えてみましょう。

種類	日本人に多い非言語コミュニケーションの例
１．身体動作	
２．身体的特徴	
３．接触行動	
４．パラ言語	
５．空間	
６．人工品	

　私たちは普段あまり意識しませんが、日本人の非言語コミュニケーションはかなり存在します。外国人に気になる日本人の非言語行動を聞いてみるのも面白いでしょう。また、もし、あなたが海外で暮らしたことがあれば、日本とは異なる外国人のジェスチャーも思い出してください。

|解説|

　日本人の非言語行動の中で外国人が不快感を示すものに、「鼻をすする」があります。日本では、花粉症の人や風邪を引いた人がよく鼻をすすりますが、欧米人には我慢できない動作の一つです。反対に、オーストラリア人やヨーロッパ人の中にはハンカチで鼻をかんで、それを丸めてポケットにしまい、またあとでそれを使って鼻をかむ人がいます。日本人の感覚ではとても見るに堪えない習慣です。

　その他にも、日本人が案外気づいていない動作としては、混んでいる電車で空いている席に座る時、座っている人に頭を下げてから座ることや若い女性が話に夢中になっている時に手をたたいたりすることがあります。特に後者は外国人には面白く映るようです。また、人の前を通る時に、手で空気を切る動作は、いったい日本人は何をしたんだと、不思議がる外国人が多くいます。

　また、答案の採点で使われる○（正解）と×（不正解）があります。中国から来たばかりの留学生は、返された答案の○の多さに驚くことがありますが、実は中国では○がついた箇所は間違っているところで、正解にはチェックマークがつきます。欧米でも正解にチェックマークをつけるのが普通です。日本ではチェックマークは「不正解」を意味しますので、日本人が当たり前だと思っている採点方式は、かなり日本的な非言語行動の一つであると言えます。

　非言語行動の違いから来る誤解の例として、アメリカで子どもに手招きをしたら、向こうへ行けと言われたと思って泣きだしてしまったということがあります。日本式の手招きは、アメリカでは人を追い払う時に使うジェスチャーとよく似ています。アメリカでは手のひらを上にして呼びます。また、日本人がそうじゃないという意味で手を左右に振る動作は、欧米人が臭い時にするジェスチャーと似ています。トルコの日本語教師に聞いた話ですが、採点した答案を返すと、学生がチェッと舌打ちをすることがあるそうです。これは、点の悪さに対して自分自身に向けられているのであって、決して教師に対してではないそうですが、この日本語教師はいつも嫌な感じがしたと言っていました。

　非言語行動は言葉と同様に一定のメッセージを発しますので、日本語を勉強している留学生にとっても重要です。言葉だけでなく、日本人らしい非言語行動を身につけることが、日本語の上達に大きく貢献することになるからです。

異文化よもやま話 13

オーストラリアと動物

　オーストラリアといえば、コアラとカンガルーを思い浮かべる人が多いでしょう。コアラは数が少なく、動物園やオーストラリア東部にある自然保護区などに行かなければ見ることができませんが、カンガルーはオーストラリア全土に生息し、どこでも見ることができます。生息数は5000万頭以上で、オーストラリアの全人口2600万よりも多いと言われています。オーストラリアではずいぶんと頑丈なバーがついた車をよく見かけますが、それはカンガルーバーといって、カンガルーの衝突から車のボディを守るためのものです。さすがに街中にはカンガルーはいませんが、ちょっと郊外に行くと、カンガルーにぶつかることはよくあります。私も一度友人の車で夜、ブッシュの中を走っていたところ、カンガルーにぶつかり、車体がへこんだ経験があります。この時のカンガルーは小型種のワラビーでしたが、衝突の衝撃はかなり大きかったように感じました。日本では、猫が車にひかれているのを時々見かけますが、オーストラリアではカンガルーの死体が道のあちこちに転がっていたのを思い出します。

　カンガルーの数が多いので、その繁殖数を抑えるために、政府は合法的にカンガルーを処分しています。そして、その肉はドッグフードに加工されたり、食肉用として海外に輸出されたりしています。このことから、日本などの商業捕鯨に反対するオーストラリア政府がカンガルーの商業捕獲を許可するのは矛盾しているとして、野生動物保護団体や動物愛護団体などから非難の声が上がっています。カンガルーや犬を食べる国があるのに、なぜ日本の捕鯨だけが批判されるのかという声もあります。

　オーストラリアには、動物だけでなく、珍しい爬虫類も生息しています。一番有名なのがエリマキトカゲです。テレビ番組で紹介されたのがきっかけで、日本では1980年代に一大ブームとなりました。普段は4つ足で普通のトカゲのように歩きますが、興奮すると首の周りの襟飾りを広げ、2足で走りまわる姿がとてもユーモラスです。1984年には初来日も果たしています。生息地はオーストラリア北部にかぎられるため、動物園などに行かないと本物を見るこ

とはできません。私も動物園で見たことがありますが、普段は襟を閉じているので、襟を広げて走る姿を見ることはできませんでした。オーストラリアの２セントコインのデザインに使われていたこともあり、以前はお土産としてたくさん購入する人がいました。しかし、残念ながら、現在では５セント未満のコインは廃止されたため、エリマキトカゲのデザインのあるコインを入手することはできません。

☆　☆　☆　☆

　エリマキトカゲをはじめ、コアラやカンガルーなどの動物は有名ですが、日本人にほとんど知られていないマグパイという独特の鳥がいます。白と黒のまだらの模様をした中型の鳥で、人間を少しも恐れない、そのふてぶてしい態度は日本にいるカラス以上です。この鳥が６月から９月までの繁殖期を迎えると、自分の巣にある卵やひなを守るために、人間を襲うようになります。市街地の木の上に巣を作るので、その近くを歩いていると後ろから突然攻撃され、頭や肩などを鋭い爪のある足でつかまれたり、くちばしでつつかれたりします。私も何度か襲われそうになり、怖い目にあいました。オージーは慣れたものですが、マグパイに無防備な日本人が襲われて出血し大騒ぎになったという話を聞いたことがあります。

　最後に、もう一つ、私にとって忘れることのできない鳥にワライカワセミがあります。世界最大のカワセミで、まるまるとした小さな体と短い首、長くとがったくちばし、短い足をしたユーモラスな格好の鳥です。この鳥が朝方や夕暮れ時に現れるのですが、鳴く声が人間の笑い声にそっくりなのです。私はキャンベラにあるオーストラリア国立大学で３年間学びましたが、その時過ごした寮は公園のような広大な大学キャンパスの中にありました。夏はサマータイムになるので、寮での食事が終わってから、夜９時近くまで大学内のテニスコートで友達とテニスをするのが日課となっていました。テニスを楽しんでいると、ワライカワセミが現れ、コートを囲んだフェンスの一角にちょこんと乗り、笑い始めるのです。おじいさんが笑うようなしゃがれた声で、遠くまで響くように鳴きます。このワライカワセミが現れると、まるで自分の下手なテニスを笑われているかのような気持ちになったものです。

第14章
アサーティブ・コミュニケーション

　相手のことばかりを尊重していると、ストレスがたまり、最後には爆発してしまうことがあります。他者とのコミュニケーションにおいては、相手を大切にするとともに、自分も同じように大切にする相互交流の態度が重要です。相手を尊重した上で、自分の気持ちもしっかりと伝えるというスタイルを、アサーティブ・コミュニケーションと呼びます。異文化交流においては、このコミュニケーション・スタイルを身につける必要があります。

1. 自分のスタイルを知る

　私たちは毎日異なる考え方の人とコミュニケーションを取っています。そのような多種多様な人との交流において相手への理解を深めることは非常に重要です。しかし、ただ単に相手を理解するだけで充分なのでしょうか。その答えはノーです。相手を理解することは重要ですが、それと同時に、自分のことも相手に理解してもらう必要があるからです。いつも相手ばかりを尊重し、言いたいことも言わずに我慢ばかりしていると、いつか精神的な限界点を超えてしまう可能性があります。毎日の生活では、相手だけでなく自分も大切にする**アサーティブ・コミュニケーション**（assertive communication）が必要となります。あなたは普段どのようなコミュニケーション・スタイルを取っているでしょうか。以下のワークシートで自分自身のスタイルを確認してみましょう[20]。

ワーク10　もし相手と意見が食い違ったら、あなたはどのような対応を取ることが多いでしょうか。次の項目について一番あてはまる数字に○をつけてください。

　　そうである：2　　どちらとも言えない：1　　そうではない：0

① 気まずくならないように、相手に譲ることが多い	2・1・0
② 正しいと思ったら、自分の意見は変えないほうだ	2・1・0
③ 相手の意見を考慮した上で、建設的な意見を提案するようにしている	2・1・0
④ 自分の意見で相手が傷つくのではないかと心配する	2・1・0
⑤ 相手の気持ちを考えながら、自分の意見を言うようにしている	2・1・0
⑥ 自分の意見が通らないと不快な気分になる	2・1・0
⑦ 言いたいことがあっても、言わないでいることが多い	2・1・0
⑧ 相手の意見を受け入れると、負けたような気がする	2・1・0
⑨ 自分と相手の両方が満足するような解決方法を見つけようとする	2・1・0

セルフチェックで○をつけた数字を左下の方法で計算し、それを右の表に記入して折れ線グラフを完成させてください。

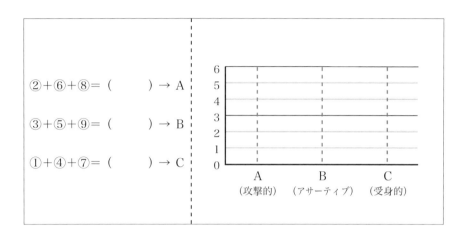

採点の結果、どのようなグラフになったでしょうか。Aタイプは自己主張が強く、相手から攻撃的であると取られやすいコミュニケーション・スタイルです。Cタイプは受身的なコミュニケーションで、日本人によく見られるスタイルです。争いを避けるあまり自分の気持ちを抑えるため、ストレスがたまりやすいと言えます。Bタイプは自分の意見を主張しながら、相手も尊重するコミュニケーションです。自分を大切にしながらも、他者への配慮もする人間関係を構築しています。

この3つのスタイルのうち、どれか1つだけが6点でその他が0点という人はまずいません。それは誰にでもA、B、Cの要素が備わっていて、状況や相手によって出てくる要素やその割合が変わるのが普通だからです。ただ、どのスタイルが大きいかは人によって異なります。自分がどのようなスタイルのコミュニケーションを取っているのかを知ることで普段のコミュニケーションの向上につなげることができます。

気をつけてほしいのは、このセルフチェックはその人のコミュニケーション・スタイルを決定づけるものではないということです。あなた自身のコミュニケーション・スタイルの傾向を知るための資料として活用してください。

<確認チェック11>
　以下のケースにおける行動パターンは、A（攻撃的）、B（アサーティブ）、C（受身的）のどのスタイルになるでしょうか。また、もし同じ状況が起こったら、あなたはどのような態度を取るでしょうか[21]。

ケース1　新幹線の切符を買うために並んでいると、自分の前に割り込んできた人がいる
（　　）「・・・・・（なによ、この人！）」
（　　）「あの、列の最後はあちらですよ。」
（　　）「あの、並んでるんですけど。割り込むの、やめてもらえませんか。」

ケース2　たくさんの仕事を抱え、忙しく働いている時に、課長から仕事の追加が来た
（　　）「・・・わかりました。（こんなに忙しいのが、わからないの！）」
（　　）「課長、勘弁してくださいよ。この忙しい状況で、もっと仕事をやれって言うんですか。」
（　　）「今、○○をしていて忙しいんですが、どちらを優先したらいいでしょうか？」

ケース3　恋人とデートする予定が、急に相手の都合でキャンセルになった
（　　）「わざわざこの日のために休みを取ったんだよ。もういいかげんにして！」
（　　）「楽しみにしていたんだけどなあ…。じゃあ、許してあげるから、次はたっぷりごちそうしてね。」
（　　）「ええ、そうなの？　わかった。（楽しみにしていたのに…）」

解説
　普段の生活の中でよく見られる光景ですが、あなたはどのような行動を取っているでしょうか。このような身近な事例で3種類のコミュニケーション・スタイルの違いを確認しておきましょう。

2. アサーティブ・コミュニケーション

　アサーティブ・コミュニケーションは、1960年代以降、自分と相手の両方の権利を大切にするコミュニケーション・スタイルとして、アメリカにおいて人権擁護の思想と運動をもとに発展してきたものです。他者とのコミュニケーションを改善するこのスタイルを身につけるためには、以下の5つのポイントを理解する必要があります[22]。

1）アクティブリスニング

　相手の意見や立場を尊重するために、相手の言っていることに対して心から耳を傾けて聞くことが大切です。**アクティブリスニング**は、積極的傾聴とも呼ばれ、ただ単に相手の言っていることを聞けばよいというものではありません。オープンでかつ柔軟な心で、自分が聞きたいと思っていることだけでなく、たとえ自分が聞きたくないと思っていることでも相手の言っていることを聞くという姿勢が重要です。アクティブリスニングの基本はあいづちです。「うん」「ええ」「へえ」「なるほど」「そうなんだ」といったあいづちを打つことで、相手を話のリズムに乗せ、効果的な傾聴が可能となります。

2）オープンエンド型の質問

　質問をする場合、「はい」か「いいえ」でしか答えられないような質問ではなく、相手が自由に自分の意見を述べることができるような質問形式にすべきです。「どうして」「なぜ」「どのように」「どうやって」などの表現を使えば、多くの情報を引き出すことができるでしょう。

　「自分のやったことを反省していますか」
　　　　　　　　　　　→　「はい」か「いいえ」で答えられる
　「自分のやったことをどう思いますか？」　→　オープンエンド型の質問

ただし、イエス・ノー・クエスチョンと比べて、自分で文章を組み立てなければならないことや、自由度が高い分、自分の考えをまとめないと回答できないことなどから、回答者が負担に感じてしまうという一面もあります。相手や状況によって使い分ける必要があると言えるでしょう。

3）わたし文（アイ・ステイトメント）

「あなたは○○だ」と相手を批判する言い方ではなく、「わたしはこう思う」というわたし文を活用する方法です。問題が生じた時に「あなた文」を使うと、相手を非難する言い方となり、相手は攻撃されたと感じやすくなります。自分はこう感じるという「わたし文」を使うと、自分の状況や気持ちを相手に伝えることになるので、誤解がある場合には相手も修正しやすくなります。

　「遅いですよ。もっと早く来てください！」→ 相手を責める「あなた文」
　「皆と一緒に始めたいので、全員がそろわないと困ってしまいます。」
　　　　　　　　　　　　　　→　自分の気持ちを述べる「わたし文」
　「遅く帰ってくるなら、連絡ぐらいしてよ！」→ 相手を責める「あなた文」
　「帰ってこないと心配だから、遅くなる時は連絡がほしい。」
　　　　　　　　　　　　　　→　自分の気持ちを述べる「わたし文」

4）共感のアサーション

相手の言い分に対する理解を示します。その上で、自分の考えを述べると相手も聞いてくれることが多いものです。相手は自分の言い分が伝わっていないと思うと自分の主張を繰り返します。相手の意見を理解するということは同意するということとは異なりますが、相手からすれば自分の気持ちをわかってもらった上での意見ということで、考慮する余地も生まれてくることになります。

5）相違を明らかにするアサーション

相手とのやり取りの中で問題が生じた時は、相手と自分の意見の違いを明らかにすることが重要です。それぞれの言い分を出し合い、どこが違っているのかを確認することで、誤解が解けることがあります。

　「私の理解では、AさんとBさんが協力するという前提でこのプロジェ
　　クトを立ち上げましたが、違っていたでしょうか？」
　「私たちはこのように考えていますが、そちらはどのようなお考えで
　　しょうか？」

第14章　アサーティブ・コミュニケーション

ワーク11　相手を非難する以下の表現を「アイ・ステイトメント」によって言い直してください[23]。

1）家に帰ってきた父親が玄関に脱ぎ散らかしてある靴を見て、
「ちょっと、なんだよ、この靴の脱ぎ方は！ いったいうちは何人家族なんだ!?」

2）部下に頼んでおいた資料がまだできていないことを知り、
「いったい資料はいつできるんだ！ 君はやる気があるのか？」

3）母親に録画しておくように頼んでおいた番組が録画されていないのを知り、
「お母さん、何やってるの、録画してって、頼んどいたじゃない！」

ヒント

　アイ・ステイトメントが必要とされる状況は、気持ちがいらいらしている時です。上に見るような状況では、思わずかっとなって自分の怒りをぶつけてしまいそうになりますが、相手を非難するのではなく、自分の気持ちを相手に訴えかけるようにするのがポイントです。答えは1つとはかぎりませんので、1）であれば、散乱した玄関を見た時の気持ち、2）であれば、資料がないと困る状況、3）であれば、楽しみにしていた番組が見られない気持ち、を自分なりの言葉で表現すればいいでしょう。

<考えよう７>

これまでを振り返ってみて、アサーティブ・コミュニケーションを使えばよかった時はなかったでしょうか。また、これから、どのような時にこのスタイルを使っていきたいと思いますか。

考える ポイント

アサーティブ・コミュニケーションが有効に使われるのは、ビジネスにおける交渉の場や自分と相手の意見が衝突した時です。同僚とのトラブルや夫婦げんかなどにおいても、効果を発揮するでしょう。仕事上での意見の相違においては、相手の言い分もしっかり聞いた上で、自分の意見も主張し、両方が納得する形での解決を図りましょう。このような解決方法はウィンウィン（Win Win）とも呼ばれます。「自分も勝ち、相手も勝つ」という意味で、取引などにおいて、関係する両者共にメリットがあるようにする方法です。

私たちの生活は他者とのコミュニケーションで成り立っているので、日常生活がアサーティブ・コミュニケーションを必要とする状況の連続であるとも言えます。その意味で、このスタイルを身につけることが、私たちの生活に快適で充実した人間関係をもたらすことになるでしょう。

第14章　アサーティブ・コミュニケーション

― 異文化よもやま話 14 ―

異文化を受け入れるためには

　私はこれまでに 20 か国以上を旅行しましたが、今もって慣れることのできない習慣にチップがあります。チップの国アメリカに初めて着いた時、仲よくなったタクシーの運転手からチップが少ないと言われた時は困惑しました。
　香港のホテルでは、ポーターにチップを渡さなかったため、怒ったポーターは思いっきりドアを閉めて出ていきました。これらのトラブルは払うべきチップを払わなかったために起きたものですが、反対に、払わなくてもいいのに、要求されることもよくあります。リマの空港では、荷物をチェックしていた検査官の女性が、クリスマスプレゼントと言って、公然とチップを要求してきたのには驚きました。また、インドネシアの空港では、勝手に荷物を運んで、あとからチップを要求してきます。ジャカルタの空港では、青い制服を着たポーターの集団が国内線から国際線に乗り継いでくる外国人に次々と声をかけ、勝手に荷物を運ぼうとします。よくわからないまま彼らの言うままにしていると、最後にチップを要求されることになります。
　チップに慣れていない日本人からすると、チップを払うことに抵抗がありますが、発展途上国では貧しい人の生活手段になっているという側面もあるようです。インドネシア第二の都市スラバヤでタクシー移動中に、ムスリムの寺院に寄ったことがあります。私たちを待っている間、タクシーが路上に駐車しようとすると、どこからか人が現れ、誘導してくれます。運転手も決して裕福ではありませんが、当たり前のようにチップを渡していました。お金のある人がない人に恵んでやるのは当たり前という考えがあるからでしょう。金銭の授受の伴わないサービスを受けることに慣れている日本人からすると、理解できてもなかなかうまく対応できない異文化習慣の一つであると言えるでしょう。

☆　☆　☆　☆

　チップと同様に、日本人にとって苦手な文化の違いに時間の概念があります。世界の価値観の中で見た「モノクロニック（M タイム）」と「ポリクロニック（P タイム）」の違いです。世界の国を旅行して実感することは、日本は世

189

界一のMタイムの国であるということです。決められたことはそのとおりにするという意識の高さが日本の生活の隅々にまで反映されています。テレビやラジオの番組表から始まり、交通機関の時刻表、店の開店時間や閉店時間、友達との約束の時間にいたるまで、予期せぬ事態が生じないかぎり、これらの時間は厳守されます。そのような非常に時間が管理された社会からそうではない国に行くと、多くの日本人はストレスを感じることになるのです。

　メキシコでパスタ料理を食べるためにレストランに入った時のことです。スパゲッティを注文して、20～30分経つのに、何も出てきません。ウエイターも厨房に入ったきり出てこないので、わざわざ厨房まで行き、催促したところ、「今スパゲッティを買いに行っているから、もう少し待ってくれ。」という返事でした。私たち日本人は唖然として苦笑するしかありませんでした。インドネシアの大学を訪問した時は、現地の教員がアレンジしてくれた予定がくるくる変わるので、事前に準備していたことが無駄になり、いらだちを感じました。この国では予定は変わるものだと気持ちを入れ替え、その時の状況によって対処するようにしたところ、ずいぶん気分が楽になったものです。

　コロンビアのボゴタにあるN大学で日本語を教える私の教え子からもPタイムの国の珍体験談が届きます。その一つを紹介すると、大学のホームページを一新するということで、教員への説明会が大々的に開かれ、彼女も期日までにブログを書き込むように依頼されました。準備万端整えてホームページに入ろうとしましたが、どうしても新しいホームページが見つかりません。おかしいと思い、担当者に聞いてみると、「まだできていない。いつできるかわからない。」という返事だったそうです。私の教え子は、一事が万事、こんな調子のコロンビア生活を楽しみながら暮らしているということでした。

　この教え子の態度は、異文化生活においてはとても重要です。異文化で暮らすためには、その異文化を受け入れ、楽しむ心のゆとりが必要だからです。それには、自文化中心主義ではなく、文化相対主義の視点に立って、相手文化のよい点を認め、取り入れていく態度が求められます。異文化受容のステージの4段階になります。世界には様々な人が暮らしています。日本だけの価値観にとらわれない、多様性のあるアイデンティティを確立することが、どの異文化においても通用する国際的な感覚を育むことになるでしょう。

第15章

多文化共生社会の実現に向けて

ダイバーシティ

私たちの暮らす社会は同じ価値観を共有する人たちだけでなく、異なる考えをもつ人たちによっても構成され、多様な価値観を尊重する時代に入っています。そのため、画一的な社会から異なる人々が暮らす社会へと、多文化を受け入れる環境整備が急務となっています。多文化と共存する社会を実現するために、私たちにはどのような知識が必要なのか、また、何ができるのか、考えてみましょう。

なお、この章で扱う内容に関して、一部の方には不快に感じる部分があるかもしれませんが、現実問題を直視するという意味で、あえて掲載させていただきました。

1. 多文化共生社会

　総務省は、多文化共生とは「国籍や民族などの異なる人々が、互いの文化的ちがいを認め合い、対等な関係を築こうとしながら、地域社会の構成員として共に生きていくこと」と定義しています。当初は、日系南米人などを対象に、地域における多文化共生社会の実現をめざしていました。しかし、外国人住民の増加や多国籍化が進んだことで、より多様な人々に対する取り組みが求められるようになってきています。

　また、2015年に国連サミットで採択されたSDGs（Sustainable Development Goals ── 持続可能な開発目標）において、あらゆる人々が活躍する社会を優先課題の一つに挙げていることから、外国人住民にかぎらず、マイノリティとされる人々を含んだ多様性を受け入れる社会の構築が急務となっています。

　このように、多文化共生を考える時、現在では外国人だけにかぎった視点ではなく、あらゆるマイノリティの人々と共に生きるという視点が重視されるようになっています。ここで言う**マイノリティ（少数派）**とは、**マジョリティ（多数派）**に対する反対の語で、多数派の人々とは異なる属性をもつ個人やその集団を意味し、社会の中で著しく不利な状況や不利益な状態に置かれることが多いと言われています。

　多文化共生社会は、このような社会的弱者にも優しい社会であり、マイノリティを受け入れ、社会の構成員として共に生きていくという意識が必要になります。そのためには、マジョリティを含む社会の構成員全員がそれぞれの多様性を受け入れ、互いを尊重し合い、共に社会を築き上げていくという姿勢が求められています。

1）マイノリティの種類

　マイノリティとは多数派に対する少数派という意味で使われますが、マジョリティによって作られた社会全体の規則や制度、習慣にあてはまらない社会的弱者であるとも言えます。日本におけるマイノリティの種類には、外国人、少数民族、宗教的マイノリティ、被差別部落出身者、LGBTQ（性的マイノリティ）、障害者、病人、被災者などがあります。

（上段が定義、下段が具体例）

外国人	日本に永続的に住む外国人
	移民や難民、日系南米人、在日中国人、在日韓国人など
少数民族	その国において独特な文化を保持してきた人々
	日本では、アイヌ民族や琉球民族など
宗教的マイノリティ	その国では主流でない宗教を信じる人々、主流ではない宗派の人々
	日本におけるイスラム教徒や新興宗教の信者など
被差別部落出身者	歴史的に賤民（「えた」「非人」）とされた人をルーツにもつ人々
	部落民や同和地区住民、およびその出身者など
LGBTQ	性的なあり方における少数者
	ゲイ、レズビアン、トランスジェンダーなど
障害者	心身の機能に障害がある人
	身体障害者、知的障害者、精神障害者など
病人	重大な疾患を抱える人
	AIDS、血友病、ハンセン病、がん、うつ病などの患者
被災者	災害を被った人々
	被災者、避難者、被爆者、被曝者*など
貧困者	金銭的に生活が苦しい人
	ホームレス、母子家庭、生活保護受給者、非正規労働者など
その他	少数ではないが、弱者と考えられる人々（社会的弱者）
	子ども、高齢者、妊婦、不登校児童、女性など

＊原発事故などで放射能を浴びた人々を被曝者と呼びます。

2）マイノリティ住民への取り組み

　近年、社会におけるマイノリティに対する取り組みが重要性を増しています。以前であれば外国籍の人は就職が難しいという現実がありました。しかし、企業のグローバル化に伴い、積極的に採用する会社が増えています。外国人が多く居住する地域では、複数の言語による広報活動や**やさしい日本語**（普通の日本語よりも簡単で、外国人にもわかりやすい日本語）の普及が進められています。また、外国人児童の未就学をなくすために、**早期適応教育**（児童の母語での協力員を学校に配置することで、生活・学習面でサポートする制度）を行い、日本語教育などを実施している自治体も少なくありません。

　少数民族については、アイヌに同化を強制した「北海道旧土人保護法」が

1997年に廃止され、その代わりに「アイヌ文化振興法（通称）」が制定されました。また、2019年にはアイヌ民族を先住民族と認め、地域や産業の振興などにおける様々な課題を解決するための「アイヌ民族支援法（通称）」が成立しました。

宗教的マイノリティであるイスラム教徒に対しては、教育現場で礼拝場所を確保したり、学生食堂で**ハラル料理**（豚肉やアルコールを使わず、適切な処理がされた食べ物）を提供したりする取り組みが行われています。

部落差別については、2016年に「部落差別の解消の推進に関する法律」が成立し、部落差別が現在も存在することを認め、差別解消への施策や相談体制の充実、実態調査などを国や地方公共団体に義務づけるようになりました。

LGBTQについては、次項で詳しく説明します。

障害者については、日本でも国連で採択された「障害者権利条約」を2014年に批准し、障害に基づくいかなる差別もなくし、すべての障害者に人権および基本的自由を実現することを約束しています。2024年現在、障害者雇用率制度により、一定以上の従業員を抱える民間企業の法定雇用率を2.5％とし、障害者の雇用を促進しています。

病気を理由に差別された事例としては、ハンセン病患者の強制隔離が有名です。ハンセン病は「らい菌」による感染症で、他者への感染防止を理由に、社会から強制的に隔離され、**優生思想**に基づく不妊手術や人工妊娠中絶が施されました。優生思想とは、身体的、精神的に劣っている人の遺伝子を排除し、優秀な人材を後世に残そうという考え方です。1996年に「らい予防法の廃止に関する法律」、2009年に「ハンセン病問題の解決の促進に関する法律」、2019年に「ハンセン病元患者家族に対する補償金の支給等に関する法律」が施行され、差別の撤廃に向けての活動が盛んになっています。

2011年に起きた東日本大震災において、被災者や避難者への支援が大きく注目を浴びました。被災者に対する救援活動はもとより、避難者に対する配慮も重要になっています。2013年には「災害対策基本法」が一部改正され、高齢者、障害者、乳幼児など特に配慮を必要とする人々（避難行動要支援者）の名簿の作成が義務づけられ、平時から避難対策を準備するようになりました。避難所でも、プライバシー、病気をもつ人や高齢者などへの食事制限、女性専用スペース、ペットの持ち込み、防犯対策などへの取り組みが始まっています。

また、被災してから復興するまでの間にまた災害にあってしまう**多重被災者**に対する支援の必要性が指摘されています。

　日本社会の貧困層については、受給額が少ない年金生活者が増え、貧困率を押し上げていると言われています。また、1990年以降非正規雇用が増大し、社会情勢の変化によって、雇止めや失業が増え、非正規労働者の貧困が問題化しています。これらの対策として、**ユニバーサル・ヘルス・カバレッジ**（すべての人が適切な保健サービスを経済力に応じた支払いで受けられる取り組み——UHC）や**ハウジングファースト**（住まいを失った人を支援する際に、安心して暮らせる住居の確保を最優先する取り組み）などが行われています。

　ホームレス支援では、2002年に成立した「ホームレスの自立の支援等に関する特別措置法」に基づいて、ホームレスの自立支援を推進しています。

　また、日本ではひとり親世帯の貧困率が高いとされています。2023年発足のこども家庭庁では、母子家庭の母や父子家庭の父の経済的な自立支援を図るため、就業支援策を実施し、これらの人々の雇用を促進しています。

　その他、数は多くても不利益を被りやすい人々を**社会的弱者**と呼びます。虐待を受けやすい子どもや高齢者、社会的地位が低い女性などが挙げられます。2000年に制定された「児童虐待の防止等に関する法律（通称 児童虐待防止法）」は2019年に改正され、虐待を防ぐための対応が求められるようになっています。また、2015年に「女性活躍推進法（通称）」が成立し、2022年の改正で対象企業が拡大されました。しかし、日本における女性の社会進出は世界の下位を低迷し、男性中心と言われる日本の社会風土の転換が急務となっています。

＜考えよう8＞

　これらのマイノリティに対する取り組みについて、あなたが実践しているものはありませんか。また、今後どのような取り組みが必要になると思いますか。

2. 性の多様性

　近年、LGBTQ などの性的マイノリティに対する関心が高まっています。しかし、その理解は十分に進んでいるとは言えません。性的指向や性自認などについて正しく理解し、すべての人が自分自身や他者をあるがままに受け入れ、自分らしく生きるとはどういうことなのかを考えましょう。

1）性のあり方
　性のあり方は多様です。主なものに「身体的性別」「性自認」「社会的役割」「性的指向」があります。

身体的性別	生物学的に判断される性　（身体の性）
	男性の身体をしているか、女性の身体をしているかという区別を指す。
性自認	自分自身が判断する自分の性　（心の性）
	「自分は男である」「自分は女である」「自分は男でも女でもない」といった自己の性別認識である。
社会的性役割	社会生活を送る上での性役割　（表現する性）
	言葉づかいや髪型、服装、態度などによって区別される性で、身体的性別や性自認と一致するとはかぎらない。
性的指向	性的魅力を感じる性　（好きになる性）
	異性愛、同性愛、両性愛、無性愛（男女いずれにも魅力を感じない）などがある。

　「身体的性別」と「性自認」が異なる人、たとえば、身体は女性なのに性自認は男性という人、身体は男性なのに性自認は女性という人がいます。「社会的性役割」では、男性でありながら女性言葉をつかったり、女性でありながら男性の格好を好んだりする人がいます。また、「性的指向」であれば、同性を愛する人、両性を愛する人がいます。

2）性的マイノリティ

　性的マイノリティとは多様な「性のあり方」の中で、少数に属する人のことを言います。それぞれの英語の頭文字を取って、**LGBTQ** と言われます。

L	Lesbian （レズビアン）	女性の同性愛者 自認する性が女性で、好きになる対象が女性の人のことを言う。
G	Gay （ゲイ）	男性の同性愛者 自認する性が男性で、好きになる対象が男性の人のことを言う。
B	Bisexual （バイセクシャル）	両性愛者 好きになる対象が女性・男性の両方の人のことを言う。
T	Transgender （トランスジェンダー）	性別越境者 生まれた時に判断された性とは異なる性自認をもつ人のことを言う。
Q	Questioning （クエスチョニング）	性自認や性的指向がわからない人 自分の性自認や性的指向を探している人や決めたくない人も含む。

　Qについては、「変わっている」「奇妙な」という**クィア**（Queer）の意味から、性的マイノリティの総称として使われることがあります。

　また、性的マイノリティは上記以外にも、両性のような、あるいは両性の中間のような身体的特徴を持って生まれてくる人を**インターセックス**（Intersex）、性別に関係なく他者に対して恋愛感情や性的欲求を抱かない人を**アセクシャル／エイセクシュアル**（Asexual）と呼びます。これらをまとめて、「LGBTQ+」「LGBTQs」「LGBTQIA」と呼ぶことがあります。

　さらに、女性か男性として生まれ、どちらでもないまたはどちらでもある性別として生きる人を**Xジェンダー**（X-gender）、女性と男性の分類に適合しない人も含めて、すべての性別を愛する人を**パンセクシャル**（Pansexual）と呼ぶことがあります。

　性別は男性と女性だけで、人間は本来異性を愛するものだと思っている人が多くいます。同性愛者や、男性に生まれながら女性として生きる人や女性に生

まれながら男性として生きる人を精神的に病んでいると考える人もいます。社会全体が多数派中心に構築されている中で、多くの性的マイノリティの人が偏見や差別に苦しんでいます。日本はいまだ性的マイノリティに対する理解が十分に進んでいるとは言えない状況にあります。

また、LGBTQは自覚していないことがあり、特定が難しい場合が多くあります。このため、多様な人間の性のあり方を考える時に、異性愛者も含めたすべての人に対応できるように、性的指向（Sexual Orientation）と性自認（Gender Identity）を合わせた**SOGI**（ソジ／ソギ）という言葉が使われるようになっています。

その他、LGBTQの当事者に共感し、積極的に支援することや支援する人のことを**アライ**（ally）、正式には**ストレートアライ**（Straight Ally）と呼びます。

カミングアウトとアウティング

性的マイノリティの人が誰かを好きになり、その人に自分をわかってほしいと願う時、自分の本来の姿を伝えることがあります。本人から自分の性的マイノリティを告白することを**カミングアウト**と言います。学校や職場など、公の場所でのカミングアウトもあります。

一方、本人の了承なく、その人の性的指向や性自認を暴露することを**アウティング**と言います。アウティングされた人が周囲の目を気にするあまり体調を崩し、その後、自殺したという事例があります。

ある調査で、日本の性的マイノリティの割合は全体の10％前後で、そのうち、カミングアウトしている人は2割から3割ほどという結果が出ています。依然として、性的マイノリティの多くの人は自分の属性を隠して生きているという現実があります。

<考えよう９>

次の事例は性の多様性を認めるという観点から問題がある可能性があります。何が問題となり、どのようにしたらいいのか、考えてみてください。

(1) 学校の授業で先生が、男性は「〜君」、女性は「〜さん」と呼んで、出席を取った。

(2) ある男性が仲のよい友人男性２人に対して、「お前ら、いつも一緒にいるよな。ホモかよ。」と冗談を言った。

(3)「あの男の人、ちょっとしぐさが女っぽくない？」「女性の下着をつけてるって噂もあるわよ。」「やだー、気持ち悪い！」

(4) 結婚願望のある30代の女性の友人に対し、「あんた、もっと女らしくしたら？そんな格好してるから、恋人ができないんだよ。」

3. ダイバーシティ&インクルージョン

　多文化共生が進む現在において、ダイバーシティ&インクルージョン（D&I）という考え方が重視されています。**ダイバーシティ**は「多様性（Diversity）」、**インクルージョン**は「受容（Inclusion）」を意味します。D&Iを推進することは、性別や年齢、国籍、人種、民族、性的指向、性自認、障害や病気の有無、価値観、ライフスタイルなどのあらゆる違いを受け入れ、すべての人にそれぞれの個性を発揮して活躍できる場を与えることなります。

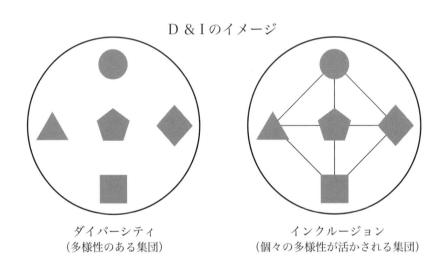

D&Iのイメージ

ダイバーシティ
（多様性のある集団）

インクルージョン
（個々の多様性が活かされる集団）

　ダイバーシティ&インクルージョンを進めるにあたって、**インクルーシブデザイン**（ID）が注目を浴びています。これは、多様な背景をもつ人々と一緒に企画開発するデザイン手法のことです。文字盤を手で触わると時間がわかる腕時計や多様な肌の色に対応したバンドエイド、手を使わずに履ける靴などが生まれています。似ている言葉に**ユニバーサルデザイン**（UD）がありますが、こちらは万人向けにデザイナーが作ったものです。自動ドア、センサー付き蛇口、ノンステップバスなどです。誰もが公平に使うことができるという点では同じですが、弱者の課題解決が起点になっているのがインクルーシブデザインになります。

ダイバーシティは、その人の属性をどのように捉えるかによって、以下の2つの視点で分類されます。

1）表層的／深層的ダイバーシティ

外見で識別可能かどうかという観点からの分類です。表層的ダイバーシティは、年齢、性別、人種、身体的な特徴などを指し、人の見た目で判断しやすい特徴です。一方、深層的ダイバーシティは、性格、考え方、価値観、信条、キャリアなどの内面の特徴を指し、本人から聞かないかぎりは判断することが難しい属性になります。

2）不変的／可変的ダイバーシティ

属性が変化できるかどうかという観点からの分類です。不変的ダイバーシティは、年齢や国籍、性別、肌の色、身体的特徴、出身地などの、もって生まれた特徴であり、変えることはできません。これに対し、可変的ダイバーシティは、ライフスタイル、居住地、趣味、職業、キャリア、服装、信念、宗教など、自分の選択によって変化させることができるものです。

＜確認チェック12＞

以下はD＆Iの具体的な取り組み事例です。下線を引いたマイノリティの属性について、表層的（表）／深層的（深）、不変的（不）／可変的（可）、という2つの視点で分類してください。

(1)（　・　）2022年に<u>女性</u>活躍推進法が改正され、多くの企業で女性がより活躍できる制度を定めたり、女性管理職を増やしたり、職場環境の改善を進めたりするようになった。

(2)（　・　）高齢化が進む現代において、定年を70歳まで延長する企業が出てきている。長年培ってきた<u>シニア</u>のノウハウやスキルを活用することは、人手不足の企業にとってもメリットが大きい。

(3)（　・　）地域のある高等学校は性的マイノリティの生徒に配慮して、ジェンダーレス制服の導入に踏み切った。また、校内にジェンダーフリーのトイレを設置した。

(4)（　・　）ある中小企業では発達障害をもつ人を3人雇用することにした。社長みずからが社員研修を行い、社内理解を促進した。専門的な技術職だが、社員の協力のもと、スキルアップが図られている。

(5)（　・　）グローバル化が進む中、外国人労働者を雇用する企業が増えている。そのため、外国人従業員の人事評価の基準を明確にし、社員教育の一環として日本語教育を行うなど、安心して日本企業で働ける環境が整えられてきている。

(6)（　・　）自由な働き方を希望する従業員に対し、ハイブリッドワークを推進する企業が増えている。ハイブリッドワークとは、オフィスワークとテレワークを自分で選択できる制度である。この制度を採用すれば、仕事のスタイルに柔軟性が生まれ、従業員のモチベーションアップにつながり、結果として生産性の向上が期待できる。

解説

　ダイバーシティ＆インクルージョンを推進するにあたって、ダイバーシティの属性が、表層的／深層的なのか、不変的／可変的なのか、という視点をもつことが重要です。それによって、整備すべき環境が異なることがあるからです。下線の引かれた人々はいずれも地域や学校、会社においてマイノリティに属する人たちです。そのような人々にもマジョリティの人と同様に個性を発揮して活躍できる環境を与えることが必要です。これらの事例はいずれも日本で行われている取り組みの一部です。社会の多くの場所でこのような取り組みが一般的になることが、多文化共生社会の実現へとつながります。

4. 多文化共生社会に参画する

　多種多様な人々が安心して平和に暮らすことのできる社会を実現するには、個人の努力では限界があります。あなたが住む地域、働く職場、所属する学校における人々が一緒になってアイデアを出し合い、多様な人々と共存する社会を作り上げていく必要があります。ここでは、**ブレーンストーミング**の手法を使った、多文化共生社会実現に向けての取り組みを具体的に考えてみましょう。

　5人前後のグループに分かれ、グループのテーマを次の1）〜4）から選びます。グループごとに(1)〜(4)の手順で意見を出し合い、それらをまとめ、具体的な施策を発表します。（短い時間で済ませたい時は、ブレーンストーミングではなく、話し合いでアイデアを出し合ってください。）

1）隣組の国際化

　ここ数年あなたの住む地域に外国人の居住者が増えてきました。しかし、その多くは隣組に加入していません。組長であるあなたは、外国人にも組組織に加入してもらって、新しいタイプの隣組にしていきたいと考えています。あなたの考えに賛同する人と共に、どうしたら外国人と共存できる組組織を創設できるのか、具体的なプラン作成に向けて、知恵をしぼってください。

2）大学のグローバル化

　学長のトップダウンによるグローバル化をめざすあなたの大学では、英語による授業、外国人教員の採用、海外協定校の締結、教員の英語論文の奨励など、様々な施策を打ち出しています。しかし、肝心の教職員や学生にはそのような意識が薄く、学長の熱意は空回りしています。どうしたら、教職員の意識をグローバル化に向けることができるでしょうか。皆さんで、グローバル化に向けての実践的な方策を学長に挙げてください。

3）ダイバーシティ・マネジメント*

　生活雑貨を生産、販売するあなたの会社はグローバルな展開を進めていくために、多様性を活かすダイバーシティ・マネジメントを推し進めることになりました。ダイバーシティ・マネジメント部署に配属された皆さんは、会社のダイバーシティを推進しなければなりません。これまでの日本的雇用慣行を打破し、新しい風を会社内に吹かせましょう。多様性を組織の成長に活かす具体的施策を提案してください。

　＊ダイバーシティ・マネジメントとは、多様な人々を組織に取り込み、その多様性を活かして事業の成長と組織の強化を促進する施策を指します。

4）企業のグローカル化*

　食品機械メーカーであるあなたの会社は、全自動で食品を作る機械を生産、販売しています。世界的な日本食ブームに乗り、国内外からの問い合わせが増えています。そこで、社長は地域の中小企業から、グローカル企業へと大転換を図る目標を打ち出しました。これに伴い、社長直轄のグローカル化推進本部が設置され、会社のグローカル化をドラスティックに進めることになりました。推進本部に配属された皆さんで、今後の会社の命運を決めるグローカル化の基本対策を提案してください。

　＊グローカルは、グローバル（global）とローカル（local）を足して造られた和製英語です。グローカル企業とは、地域に根ざしながら世界的に事業を展開していく会社のことを意味します。

(1) 意見の提出

　グループ全員が順番に意見を1つずつ出し、その要点を付箋紙に書き込んで、ホワイトボード（または、テーブルの上）に貼っていきます。どんなに些細なこと、つまらないことでもかまいません。ここではとにかく何でもいいから意見を出すことに意義があります。意見がなくなるまで、この作業を繰り返します。

(2) 意見をまとめる

　発表された内容を項目ごとに類別します。この作業では、必要に応じて、修正したり、削除したり、意見を付け加えたりすることができます。出された意見をすべて採用する必要はありません。状況に応じて、取捨選択をしてください。その後、項目ごとにできるだけ短く、簡潔な表現でまとめてください。細かいことは口頭で説明します。

(3) 書き込み作業

　まとめられた内容を、用紙（A3）に何枚かに分けて書き込んでください。短くわかりやすく、大きな字で書いてください。

(4) 発表

　皆さんのグループの答申をグループ全員で発表してください。そして、その発表に対する他のグループの意見を聞いてください。

解説

　ブレーンストーミングは、グループ全員が参加し、意見やアイデアを出し合うことで、新しいことを生み出していく方法です。手法としては非常に単純ですが、「全員が参加する」「一人ひとりの意見やアイデアを尊重する」「全員の総意で何かを作り上げる」という点で、アクティビティ自体が多文化共生社会実現に向けての活動と重なることになります。

　参加者にとって身近な題材を4つ用意しましたので、グループごとに好きなテーマを選んで、多くの意見やアイデアを出し合ってください。最後の発表では、参加者全員とアイデアを共有し、活発な意見交換が行われると、さらによい答申になることは間違いないでしょう。

　個人で読まれている方はこの章のワークに参加することができませんが、これからの活動の参考にしていただければと思います。

--- 異文化よもやま話 15 ---

私と異文化コミュニケーション

　最後の「異文化よもやま話」は、私と異文化コミュニケーションとのかかわりについてお話ししたいと思います。もうすでに本書を通して異文化理解を学んだ方であれば、異文化コミュニケーションの重要性は十二分に理解していると思います。私たち人間は1人で生きることはできません。私たちの生活は他者とのコミュニケーションで成り立っているからです。偉そうなことを言っている私ですが、他者とのコミュニケーションが異文化コミュニケーションであると認識し、自分の生活に積極的に活用するようになったのは、それほど昔のことではありません。

　私が異文化コミュニケーションという学問に初めて触れたのは、オーストラリア国立大学に入学するための準備をしていた1982年の頃です。ただ、その時は言語学の基礎知識として関連文献をいくつか読むという程度でした。オーストラリア国立大学では、日本語応用言語学を学び、異文化コミュニケーション論を深く学ぶことはありませんでした。オーストラリアの大学院を卒業後、ある宗教団体で海外研修生の研修を担当し、その後、短期大学に移り、英語などを教えましたが、異文化コミュニケーションを実践的な学問として捉えることはありませんでした。私が初めてこの学問の実用性に気がついたのは、静岡大学に移ってからのことです。

　2000年10月、静岡大学に設置された留学生センターに教授として採用された私は、翌年浜松で開催されたJAFSA（国際教育交流協議会）の夏期研究集会に出席していました。そこで参加した分科会「異文化体験から学ぶ～教育的アプローチ」はこれまで私が抱いていた異文化コミュニケーションの概念を根本からくつがえすほど衝撃的な内容でした。そこでは、異文化コミュニケーションが単なる机上の空論ではなく、その理論を自分の人生と重ね合わせる実践的な学問として紹介されたからです。これまでの海外経験が頭の中でよみがえり、それらを1つの理論としてまとめて感じ取ることができたのです。

　今でこそ海外の大学で学んだり、働いたりしながら海外を転々とする日本人

の若者は珍しくなくなりましたが、1970年代に私のように就職もしないで、ブラジルやアメリカ、オーストラリアで過ごす人は変わり者に見られた時代です。私のことを国際浪人などと呼ぶ人もいました。大学の同級生の間では、ブラジルに行ったと思ったら、アメリカにいたり、その後はオーストラリアに留学したりと、「いったいあいつは何をしているんだ」とあきれた目で見られていました。最後に、大学の教員になったことを知ると、腰を抜かさんばかりに驚かれました。

　折しも1978年に出版された小此木啓吾氏の『モラトリアム人間の時代』が話題となったこともあり、モラトリアム人間の走りだったのかもしれません。大学の英文科に進学したものの、特に英語や英文学に興味があったわけではなく、大学に行くためには専攻を決めなければならず、仕方なく決めたというものでした。したがって、大学では学問に興味をもつことはなく、サークル活動（マジッククラブでサークル名を「マギーグルッペ」と呼びました）が唯一熱中できるよりどころでした。

　大学生活は、「マギーグルッペ」の活動のおかげで、楽しく、充実したものになりました。入部した頃は素人でも、勉強もしないでマジックばかり練習していると3年生や4年生になる頃には、セミプロ並みの腕前になります。プロのマジシャンの後見（助手）としてテレビに出演したり、地方のキャバレーめぐりをしたり、デパートのマジックコーナーで手品の実演販売をしたりと、普通の大学生では味わえないような経験をたくさんしました。

　大学在学中に外国にも興味をもつようになりましたが、「マギーグルッペ」の幹事長となり、50人ほどの部員をまとめる立場では、なかなか外国に行くということはできませんでした。4年生になり、就職が目の前に現実として近づいてきても、自分が何をやりたいのか見つけることができませんでした。そんな時にブラジルから一時帰国した父の友人に会い、ブラジルに行ってみたいと思うようになったのです。

☆　　☆　　☆　　☆

　話が脱線しましたが、JAFSA分科会への参加は異文化コミュニケーションという学問に目覚める大きなきっかけとなりました。分科会の内容に刺激された私は、さっそく異文化コミュニケーション学会と異文化間教育学会に入会し、そこで開催される様々な研修会や講習会に参加するようになりました。同時

に、留学生と日本人学生との混成クラスで、異文化理解をテーマとした授業をもち、異文化コミュニケーションをいかに実践面に応用するか、論考を重ねていきました。

　「異文化コミュニケーション」が本当に私たちにとって切っても切れないものであり、私たちの人生を大きく左右するほど重要であると確信したのは、文部科学省より助成を受けた『多文化共生社会の構築に資する日本語教員養成プログラム』(浜松学院大学 2008 − 2011) に参画し、そこで、社会人を対象とした異文化理解講座を担当した時です。大学の授業で使ってきた資料に、これまでに参加した異文化研修会や講習会でのアイデアを加えて、異文化理解のテキストを完成し、それを講義の中で実践したのです。この講義は5期 (2年半) にわたり、そこで私の講義を受講した社会人学生の総数は82人になりました。この講義を通して、多くの受講者が異文化コミュニケーションを自分の人生の中で捉え、そこで多くのことに気づき、学びを深めていることを確認することができたのです。

　私自身もいまだ試行錯誤を繰り返しながら、異文化コミュニケーションと格闘しています。理論で考えるほど、実践は容易ではありません。しかし、少なくてもこの学問を実生活で意識するようになり、家庭や職場における様々な問題において解決の糸口が見えるようになったのも事実です。現代のような複雑な社会においては、家族も含めた人間関係で問題を抱えない人は皆無と言ってもいいでしょう。そのような状況において、私自身、幸せな生活を送っていると感じられるのも、異文化との付き合い方を多少なりとも知っているからかもしれません。

　今回「異文化コミュニケーション」というテーマに初めて触れた方には、これからの人生において永遠のテーマである異文化との付き合い方を本書とともに考えていっていただきたいと思います。そして、他者とのコミュニケーションを改善することで、少しでも充実した人生が送れるようになることを心より願っています。

<注>

(1) Stella Ting-Toomey (1999) *Communicating Across Cultures* (pp. 4-8) を参照している。
(2) JAFSA 夏期研究集会 分科会C (2001)「異文化体験から学ぶ〜教育的アプローチ」理論編資料 (p. 4) を参考にしている。
(3) 八代京子ほか (2001)『異文化コミュニケーション・ワークブック』(p. 26) などを参考に説明している。
(4) JAFSA 夏期研究集会 分科会C (2001)「異文化体験から学ぶ〜教育的アプローチ」理論編資料 (p. 6) を参考にしている。
(5) U字曲線はリスガード (1955) により提唱された。ここでは JAFSA 夏期研究集会 分科会C (2001)「異文化体験から学ぶ〜教育的アプローチ」理論編資料 (pp. 9-11) を参考にしている。
(6) 徳井厚子『多文化共生のコミュニケーション――日本語教育の現場から』(pp. 34-35) で紹介されている Kim & Ruben (1996) のモデルによる。
(7) 異文化間教育学会・(財)国際文化フォーラム共催、第1回異文化間教育学会研修会「異文化での心理的援助・支援」(2003) で紹介された事例をもとに作成している。
(8) 八代京子ほか (2009)『異文化トレーニング――ボーダレス社会を生きる』(p. 224) を参照している。
(9) 早坂隆 (2006)『世界の日本人ジョーク集』(pp. 110-111) による。
(10) Bradford 'J' Hall (2002) *Among Cultures : The Challenge of Communication* (p. 13) で紹介されている逸話である。訳は筆者による。
(11) Bradford 'J' Hall (2002) *Among Cultures : The Challenge of Communication* の中の "WORLD VIEWS" (pp. 29-59) の質問を参考に筆者が作成した。
(12) ホフステッド指数 (1980) より抜粋して掲載した。
(13) Bradford 'J' Hall (2002) *Among Cultures : The Challenge of Communication* に掲載された逸話 (pp. 30-31) をもとに筆者が作成した。
(14) 石井敏ほか (1997)『異文化コミュニケーション・ハンドブック――基礎知識から応用・実践まで』(p. 214) による。
(15) 異文化の受容については、ミルトン・ベネットによる異文化感受性発達モ

デルが有名だが、異論も多い。本書では、ベネットのモデルを参考に、異文化との接触によって本来の母文化が変容していく過程を、わかりやすい図式で説明する。

⒃ 以下、「ジョハリの窓」についての記述は、Jean M. Civikly（1997）*Classroom Communication : Principles & Practice*（pp. 141-160）を参照している。

⒄ 以下は、Dean C. Barnlund（1975）*Public and Private Self in Japan and the United States*（pp. 66-90）をもとに、八代京子ほか（2009）『異文化トレーニング——ボーダレス社会を生きる』（pp. 93-103）を参考にしながら、筆者が作成したものである。

⒅ 多人数でやる方法は、むさしの参加型学習実践研究会（2005）による『やってみよう「参加型学習」！——日本語教室のための４つの手法〜理念と実践〜』（pp. 89-103）でも詳しく説明されている。

⒆ マーク・L. ナップ（著）牧野成一・牧野泰子（訳）（1979）『人間関係における非言語情報伝達』による分類をもとに説明している。

⒇ 八代京子ほか（2001）『異文化コミュニケーション・ワークブック』（pp. 143-146）を参考に筆者が作成した。

(21) 岩舩展子・渋谷武子（2007）『アサーティブ・コミュニケーション——言いたいことを「言える」人になる』（pp. 24-31）を参考に筆者が作成した。

(22) ここで紹介する５つのポイントは、八代京子ほか（2001）『異文化コミュニケーション・ワークブック』（pp. 146-149）を参照している。

(23) 岩舩展子・渋谷武子（2007）『アサーティブ・コミュニケーション——言いたいことを「言える」人になる』（pp. 36-37）を参考に筆者が作成した。

＜参考文献＞

アラン ピーズ・バーバラ ピーズ（著）藤井留美（訳）（2000）『話を聞かない男、地図が読めない女——男脳・女脳が「謎」を解く』主婦の友社

池田理知子（編）（2010）『よくわかる異文化コミュニケーション』ミネルヴァ書房

池田玲子・舘岡洋子（2007）『ピア・ラーニング入門——創造的な学びのデザインのために』ひつじ書房

伊佐雅子（監）（2007）『多文化社会と異文化コミュニケーション』三修社

石井敏・久米昭元・遠山淳・平井一弘・松本茂・御堂岡潔（編）（1997）『異文化コミュニケーション・ハンドブック——基礎知識から応用・実践まで』有斐閣

井上孝代（1999）JAFSA ブックレット 2『留学生担当者のためのカウンセリング入門』アルク

岩舩展子・渋谷武子（2007）『アサーティブ・コミュニケーション——言いたいことを「言える」人になる』PHP エディターズ・グループ

大橋敏子・近藤祐一・秦喜美恵・堀江学・横田雅弘（1992）『外国人留学生とのコミュニケーション・ハンドブック——トラブルから学ぶ異文化理解』アルク

小此木啓吾（1978）『モラトリアム人間の時代』中央公論社

金沢吉展（1992）『異文化とつき合うための心理学』誠信書房

鎌田修・川口義一・鈴木睦（2006）『日本語教授法ワークショップ DVD』凡人社

鎌田修・川口義一・鈴木睦（2007）『日本語教授法ワークショップ 増補版』凡人社

ギャリー・アルセン（著）小松哲史（訳）（1992）『アメリカ暮らしの常識・非常識』ジャパンタイムズ

倉地暁美（1992）『対話からの異文化理解』勁草書房

栗田常雄（1972）『知恵とアイデアで勝負するマッチ棒クイズ88』実業之日本社

JAFSA 夏期研究集会 分科会 C（2001）「異文化体験から学ぶ～教育的アプローチ」理論編資料

ジョン・グレイ（著）大島渚（訳）（2001）『ベスト・パートナーになるために——男と女が知っておくべき「分かち愛」のルール　男は火星から、女は金星

からやってきた』三笠書房

鈴木孝夫（1973）『ことばと文化』岩波書店

鈴木孝夫（1990）『日本語と外国語』岩波書店

鈴木伸子（2007）『日本語教育能力検定試験に合格するための異文化理解13』アルク

ステファニー・フォール（著）中野恵津子（訳）(1999)『アメリカ人のまっかなホント』マクミランランゲージハウス

多湖輝（2009）『頭の体操 best』光文社

徳井厚子（2002）『多文化共生のコミュニケーション――日本語教育の現場から』アルク

中村豊（2017）「ダイバーシティ&インクルージョンの基本概念・歴史的変遷および意義」『高千穂論叢』52(1): 53-84

西田ひろ子（1989）『実例で見る日米コミュニケーション・ギャップ』大修館書店

西田ひろ子（編）(2000)『異文化間コミュニケーション入門』創元社

西原和久・杉本学（編）(2021)『マイノリティ問題から考える社会学・入門――差別をこえるために』有斐閣

羽入雪子（2017）「性の多様性――医療を脱した LGBT」『八戸学院短期大学研究紀要』44: 41-53

早坂隆（2006）『世界の日本人ジョーク集』中央公論新社

100のトラブル解決マニュアル調査研究グループ（1996）『異文化理解のための外国人留学生の100のトラブル解決マニュアル』凡人社

平木典子（2012）『アサーション入門――自分も相手も大切にする自己表現法』講談社

文化庁文化部国語課（1994）『異文化理解のための日本語教育 Q&A』大蔵省印刷局

マーク・L. ナップ（著）牧野成一・牧野康子（訳）(1979)『人間関係における非言語情報伝達』東海大学出版会

マジョリー・F. ヴァーガス（著）石丸正（訳）(1987)『非言語コミュニケーション』新潮社

むさしの参加型学習実践研究会（2005）『やってみよう「参加型学習」!――日

本語教室のための4つの手法〜理念と実践〜』スリーエーネットワーク

森本勉（1987）『入門オージー・イングリッシュ——オーストラリア英語の口語表現』研究社出版

八木大介・企業OBペンクラブ（1991）『あっ！と驚く国際マナーの常識・非常識——知らぬは日本人ばかりなり Part 2』マネジメント社

八代京子・荒木晶子・樋口容視子・山本志都・コミサロフ喜美（2001）『異文化コミュニケーション・ワークブック』三修社

八代京子・町惠理子・小池浩子・吉田友子（2009）『異文化トレーニング——ボーダレス社会を生きる』三修社

八代京子・世良時子（2010）『日本語教師のための異文化理解とコミュニケーションスキル』三修社

渡辺文夫（編）（1995）『異文化接触の心理学——その現状と理論』川島書店

渡辺文夫（2002）セレクション社会心理学－22『異文化と関わる心理学——グローバリゼーションの時代を生きるために』サイエンス社

Barnlund, Dean C. (1975) *Public and Private Self in Japan and the United States*. The Simul Press Inc.

Barnlund, Dean C. (1989) *Communicative Styles of Japanese and Americans : Images and Realities*. Wadsworth Publishing.

Civikly, Jean M. (1997) *Classroom Communication : Principles & Practice*. McGraw-Hill Humanities.

Hall, Bradford 'J' (2002) *Among Cultures : The Challenge of Communication*. Harcourt College Publishers.

Thiagarajan, Sivasailam & Thiagarajan, Raja (2006) *Barnga: A Simulation Game on Cultural Clashes*. Nicholas Brealey Publishing.

Ting-Toomey, Stella (1999) *Communicating Across Cultures*. The Guilford Press.

Weaver, Joan & Weaver, Feyne (1984) *Everyman's Guide to Down Under*. Rigby.

大阪府教育庁（2020）「性の多様性の理解を進めるために」
https://www.pref.osaka.lg.jp/o180020/jinkenkyoiku/seinotayousei/index.html （2024 年 7 月 3 日確認）

外務省国際協力局地球規模課題総括課（2022）「持続可能な開発目標（SDGs）達成に向けて日本が果たす役割」
https://www.mofa.go.jp/mofaj/gaiko/oda/sdgs/pdf/sdgs_gaiyou_202206.pdf （2024 年 7 月 3 日確認）

総務省（2006）「多文化共生の推進に関する研究会報告書〜地域における多文化共生の推進に向けて〜」
https://www.soumu.go.jp/kokusai/pdf/sonota_b5.pdf （2024 年 7 月 3 日確認）

GEERT HOFSTEDE: Dimension data matrix, "6 dimensions for website.xls"
https://geerthofstede.com/research-and-vsm/dimension-data-matrix/ （2024 年 7 月 3 日確認）

解答例

第1章　異文化を理解する
＜確認チェック１＞
　☑両親　☑在日外国人　☑兄弟　☑他府県の人　☑同級生　☑先輩や後輩
　☑親友　☑アジア人　☑異性　☑欧米人　☑同郷の人　☑異なる職業の人

教室では以下の手順で行います。
(1) 用意するもの
　Ａ４またはＢ５サイズの画用紙（またはコピー用紙）を参加人数分と様々な色のマジック（または色鉛筆、クレヨンなど）を用意します。マジックのセットは100円ショップでも売っているので、それをたくさん購入しておくと便利です。
(2) やり方
　① マジックなどを使って好きなように自分を表現してもらいます。名前は必ず入れます。参加者によっては絵が苦手な人もいますので、そのような人には絵を描くことを強要せず、文字や記号だけでもよいと伝えます。
　② 絵が完成したら、自分の絵を見せながら、一人ずつ手短に自己紹介をしてもらいます。様々な自己紹介を見ることで、参加者の多様性を実感します。

第2章　文化とは（その１）
＜確認チェック２＞
　教室で行う場合は、以下の手順でやると効果的に「見える文化」と「見えない文化」を紹介することができます。
(1) 用意するもの
　ホワイトボード、ホワイトボード用マーカー
(2) やり方
　テキストを閉じたままで、参加者全員に日本文化について１つずつ（少人数の場合は２つずつ）何でもいいので言ってもらいます。それをあとで氷山モデルにすることを頭に描きながら板書します。したがって、「見える文化」は上のほうに、「見えない文化」は下のほうに書きます。どちらとも言えない

ものは真ん中に書きます。そして、最後に線を描いて氷山を完成させると、ほとんどの人の答えた文化は「見える文化」であることがわかります。このことから、文化に関して「見える文化」ばかりに注意が行きますが、実はその下にも「見えない文化」がたくさんあることを理解してもらいます。

　ここに見る氷山モデルは「見える文化」と「見えない文化」をわかりやすく説明できるため、よく使われます。一般的に私たちが考える文化は目に見えるものですが、目に見えない文化の存在が異文化摩擦の原因となることを理解してもらいます。

＜確認チェック３＞
(1) (○/△)　(2) (○/△)　(3) (×)　(4) (○)　(5) (○/△)
(6) (○/△)　(7) (○/△)　(8) (×)　(9) (×)

＜確認チェック４＞
　平均的な日本人としての解答は以下のようになります。個人として答えると、日本人でも△や×になる人もいるかもしれません。
(1) (○)　(2) (○)　(3) (○)　(4) (○)　(5) (○)　(6) (○)

第３章　文化とは（その２）

　ここでは参考に筆者のダイアグラムを紹介しますが、教室で行う場合は教師が積極的に自分のサブカルチャーを紹介して説明することで、参加者がこれから記入すべき事柄を具体的に頭に描くことができます。また、教師の"自己開示"によって、参加者の教師に対する親しみが増して、教師と参加者との信頼関係が築きやすくなります。

　グループ活動をしている場合は、グループごとにそれぞれのサブカルチャーを紹介し合うといいでしょう。グループの人の背景を知ることで、様々な文化の存在を実感します。と同時に、グループの人のことを深く知ることになり、グループ内の親近感が深まります。多文化ダイアグラムの紹介は内容の濃い自己開示と言えるでしょう。（→「自己開示」については第12章で扱います。）

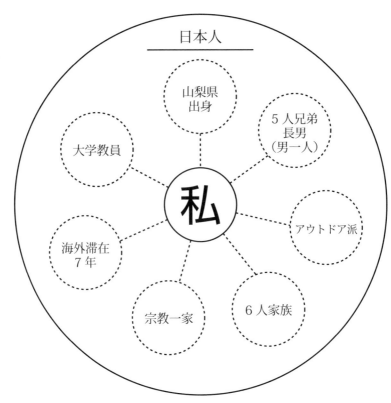

<確認チェック5>
(1) (2)　　(2) (6)　　(3) (4)　　(4) (1)　　(5) (3)
(6) (5)　　(7) (2)

<確認チェック6>
(1) (P)　　(2) (U)　　(3) (U)　　(4) (P)　　(5) (C / P)
(6) (C)　　(7) (C)　　(8) (P)

第4章　異文化適応
<確認チェック7>
(1) (4)　　(2) (2)　　(3) (3)　　(4) (1)　　(5) (4)
(6) (3)　　(7) (2)　　(8) (1)　　(9) (2)　　(10) (3)

第5章　シミュレーション

　バーンガを行うにあたっては、以下のものを用意する必要があります。
(1) 用意するもの
　① トランプ（A～7までを使い、8～Kまでは取り除く）をテーブル数だけ用意する。（トランプは100円ショップで購入できます。）
　② ルールが書かれた紙
　③ 得点を記入する用紙
　④ テーブル番号を示すもの（ボール紙を3つに折り、番号を書いてテーブルの上に立てる）
　⑤ タイマー
　⑥ ベル（ゲーム終了を知らせるため）
(2) やり方
　手順はテキストのとおりです。

　バーンガについては、必ず事前にシミュレーションを体験する必要があります。本文でも説明したように、異文化研修会などに参加して経験を積むことをお勧めします。

第6章　違いに気づく

《事例1》
　この事例は中国人や韓国人の留学生からよく耳にする話です。日本人は絶えず周りの目を意識して行動します。多くの日本人は親しくなってもその親しさを公衆の面前で出すことはあまりありません。心の中では「昨日は楽しかったね」と思っていても、他の友達などがいる前では、そのような気持ちをはっきりと態度に出すことはないでしょう。これに対して、中国人や韓国人は親しくなったら、そのような親しさをすぐに態度に表します。したがって、カラオケであれほど親しくなった日本人がその時とはまったく違う態度や表情をしているのに留学生は面食らい、あの時の親しさはいったい何だったのだろうかと考えてしまいます。日本語には「羽目をはずす」という言葉があります。普段人の目を気にする日本人であっても、お酒の席では自由に自分の気持ちを表すことがあります。しかし、翌日にはまたもとの姿に戻ります。日本では、「公私

の区別をつける」ということがよく言われるように、日本人は無意識に場所や状況によって態度やふるまい方を使い分けているのです。そのような使い分けに慣れていない外国人は、日本人の態度の変化に面食らい、自分は好かれていないのだと思い込んでしまうのです。

「婦人と老婆」の絵について

「婦人」と「老婆」のどちらかしか見えない場合は、以下の説明を読んでください。

<u>婦人（若い女性）が見えている人へ</u>：女性のあごにかけての顔の輪郭が老婆の鼻に、女性の耳が老婆の目になります。また、首飾りのような首の線は老婆の口になります。

<u>老婆が見えている人へ</u>：老婆の大きな鼻は向こうを向いている女性の顔の輪郭になり、老婆の目は婦人の耳になります。老婆の口は女性の首に巻かれた首飾りになります。

《事例２》

ここでのポイントは同じものでも文化によって異なって見えることがあるということです。太陽を描く場合、日本人は赤やオレンジ色で描きますが、欧米では黄色で描くのが一般的です。したがって、黄色を主張するネイティブの英語教師に対し、黄色の太陽を受け入れられずに赤の太陽を主張する日本人教師という対立になったわけです。結局日本人教師側が折れ、ネイティブ教師側が主張する「黄色い太陽」が校舎の入り口で訪問者を歓迎することになりました。黄色は日本では月の色になりますが、欧米の月の色は白や青色になります。

色の違いについては、鈴木孝夫（1973）が興味深い事例を数多く紹介しています。鈴木によれば、日本の茶封筒の色はフランスでは黄色になり、虹の色も国によって４色から７色の間で様々だそうです。日本人の感覚では少し赤みがかった茶色が欧米では赤と呼ばれることもあります。また、茶色っぽく染めた髪のことを日本では"茶髪"と呼びますが、英語では"brown hair"とともに"reddish hair"とも言います。

《事例３》

これは、筆者が参加した異文化間教育学会の研修会（2003）で紹介された

逸話で、実際にインドネシアで起きた事例です。筆者の異文化の講義でこの話を扱ったところ、ご主人が同じ経験をしたという女性がいました。インドネシア人が部屋を暗くしてほしかった理由は、照明が明るすぎて暑さを感じたからです。インドネシアなど、ほぼ1年中暑い気候の国では、暑さには非常に敏感で、照明の明るさにも暑さを感じます。日本でも真夏の暑い日に冷房が入っていない部屋で照明がついていると、暑さを感じて照明を消したくなることがあります。日本の真夏の暑さはインドネシアに比べれば短く、そのような経験もすぐに忘れてしまいますが、いつも暑いインドネシアの人にとっては、「明るさ＝暑さ」ということになるのです。

発想の転換を促すクイズです。楽しみながら、頭を柔軟にする訓練をします。ここで紹介するもの以外にも、いろいろなものが考えられます。多湖輝の「頭の体操シリーズ」や「マッチ棒クイズ」などをやっても面白いと思います。

　1）の数式は、私たちの一般的常識である十進法で考えると、「9＋8＝5」と「4＋9＝1」が問題となります。本来であれば答えは「17」と「13」になるからです。しかし、この数字を時計などで使われている十二進法で考えると、問題ではなくなります。つまり、17時＝5時、13時＝1時となるからです。このように、考え方をちょっと変えるだけで、おかしいと思っていたことが正しくなるわけです。したがって、この答えは「10＋6＝16」を十二進法で考えて4となるわけです。この十進法と十二進法というシステムは文化の違いとして考えることができます。異なる文化に行っても、そこのシステムを無視し、自文化のシステムを押し通そうとすれば、なかなかうまくいきません。異文化のシステムを知り、それに合わせることで、そこの文化に溶け込むことができるわけです。

　2）の答えはLEFTです。この問題は見方をちょっと変えるだけで答えが見えてきます。人によっては、見た瞬間にわかります。テキストの解説で説明した「図と地」の関係です。普通の見方ではなかなかLEFTという文字が浮かび上がってきませんが、黒い背景を際立たせることでLEFTが浮かび上がってくるでしょう。どうしてもわからない場合は、上下に白い紙などを置くと、文字

がはっきりとわかるようになります。

　3）の答えは以下のとおりです。頭だけで考えると不可能に思えますが、実際に線を引いて考えてみると、答えが見えてきます。理論的に無理だと思っても、実践する中で可能性が見つかる例です。

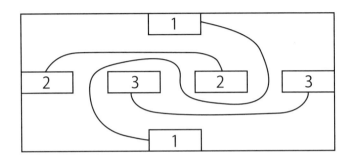

　4）の答えは、Tです。これもシステムを見つけるクイズです。ここに記されたアルファベットにはどのような意味があるのかを考えることが重要です。私たちの毎日は月曜日から日曜日という一週間の繰り返しです。これを英語で表すと、Monday, Tuesday, Wednesday, Thursday, Friday, Saturday and Sunday となり、また、Monday, Tuesday … と続いていきます。この先頭のアルファベットがクイズとして出されているわけです。最初のヒントは順番であり、どのような順番が潜んでいるか気づくことが、答えを見つける鍵となります。

　5）はマッチ棒を立てて三角錐を作ることで、4つの面で三角形ができます。平面だけで考えるのではなく、立体で考えることがこのクイズを解くポイントとなります。

第7章　異文化の認識

＜確認チェック8＞

正解は「ｄ」で、ある有名な弁護士は息子の母親であったというものです。実際はどの答えでも正解ですが、「弁護士＝男性」という思い込みに気がつくために、正解を「ｄ」にしています。

ここに書かれた数字は素数（１とその数自身以外には正の約数がない１より大きな自然数）です。つまり、その数字以外は割りきれない数字です。それがわかっていれば、18の数字を簡単に書き出すことができます。

2	3	5	7	11	13
17	19	23	29	31	37
41	43	47	53	59	61

＜教室で行う場合の一例＞

① 最初に本を開いたまま伏せてもらい、「テキストに書かれた数字を30秒でできるだけ覚えてください。あとでそれを書き出して、いくつ覚えていたかを確認します。」と言います。
②「はじめ」と声をかけて、一斉に本を開けて数字の暗記を始めてもらいます。
③ 30秒たったら「やめ」と言い、テキストを閉じてもらいます。
④ 覚えた数字を紙に書き出してもらいます。
⑤ 書き終わったら、テキストを開いて、いくつ正解だったかを確認してもらいます。
⑥ 18の数字をすべて書き出した人がいるか聞き、いなければ、だんだん数を下げていって、一番正解率の高い人を確認して、皆で拍手します。
⑦「実はこの数字を覚えるにはコツがあります。」と言って、18の数字を何も見ないでホワイトボードに書き出します。驚いている参加者に種を明かします。（小さい数字から書き出していくと、すぐに素数であることに気がつきます。）

＜確認チェック9＞

誰もがもっている「人に対するイメージ」を書き出すことで、ステレオタイ

プが形成されていく過程を確認します。

第8章　差別を考える

　映像を見ることで、より具体的に差別を体感し、自分自身にとっての差別を考える材料とします。

第9章　世界の価値観

　教室で行う場合は、それぞれのグラフを見せ合い、異なっているところについて意見交換をしてみます。外国人だけでなく、同国人でも様々な価値観の違いが存在することに気がつくでしょう。

第10章　異文化トレーニング
《事例1》
　ここで見る1つの事例が実は日本文化そのものであることに気づくことが狙いです。この事例も私の大学で実際に起きた出来事です。この出来事は日本人のもめごとの解決方法を端的に表しています。日本人は何か問題が起きた時、直接当事者に言うことはあまりありません。第三者に間に入ってもらい、解決を図るのが一般的です。直接苦情や文句を言うことは相手と気まずい関係になり、そのような事態を避けようとする気持ちが働くからです。たとえば、近所の犬がうるさく吠えて寝られない場合、日本人なら警察に電話することがあります。そして、警察からその犬の飼い主に注意してもらうわけです。

　このケースでも、ゲストハウスの係の人は直接本人たちに言うのではなく、大学に電話して、そこから注意してもらうことにしたわけです。また、一人ひとりに直接言うよりもグループの長に注意することで、グループ全体に伝えてもらいたいという意識も働いています。このような日本人の習慣がわからないキム・ヘジンさんは大学という公の場所で注意されたことにショックを受けるとともに、なぜゲストハウスで言ってくれなかったのか、当惑したわけです。

《事例3》〔質問〕への解答

解答1

　あなたは(1)を選びましたが、間違いです。イスラムのコーランには、親しい友達の間で秘密をもってはいけないという教えはありません。いくら親しいといってもすべてを友達に話す必要はないでしょう。アブルが知らなければ、そこで話せばよいことです。したがって、モハメッドはそのような理由でアブルにパーティーに行くことを隠す必要はありません。

解答2

　あなたは(2)を選びました。正解です。サウジアラビア人同士の挨拶は重要です。親しければ親しいほど、挨拶をしっかりとしなければなりません。軽く挨拶をして別れることは他人行儀になります。体を触れ合い、キスをし、話をゆっくりとしなければなりません。モハメッドはパーティーに遅れることを気にしているひろしのことを考え、アブルとの挨拶を避けたのです。

解答3

　あなたは(3)を選びましたが、間違いです。個人によって本心は嫌いでも表面的に仲よく付き合う人もいるかもしれませんが、サウジアラビア人がムスリムの顔とプライベートの顔を使い分けるというのは正しくありません。私たち人間の心は誰でも複雑です。特にサウジアラビア人だけに表と裏の顔があるというのはおかしな話です。

解答4

　あなたは(4)を選びましたが、残念ながら、間違いです。確かにサウジアラビア人と付き合わないで日本人とだけ付き合っていれば、サウジアラビア人の仲間からは心配されるかもしれません。しかし、日本人だけでなくサウジアラビア人の友達も大事にするモハメッドが、そのような理由でアブルを避けることは考えられません。モハメッドがアブルを避けた理由は他にあります。

《事例4》 ロールプレイの手順
① 演じる人に事前にそれぞれのロールシート（以下に掲載）を渡し、自分の役割を理解し、役になりきってもらいます。ただし、外国人がいる場合、その人には留学生の役はやらないようにします。現実の経験と重なり、演技ではなくなる可能性があります。
② 演技が始まって、ある程度（5分ぐらい）過ぎたら、演技をやめてもらいます。そこで、演技者の感想を聞きます。次に、見ていた人はどのように感じたか、自由に発言してもらいます。

<ロールシート（不動産屋）>
　二人からの申し込みをきっぱりと断ってください。(不動産屋は部屋を探しているのが外国人であることに気がつかないで、物件を紹介してしまった。一般的にアパートの持ち主は、外国人に部屋を貸すことに対して、嫌がる傾向にある。いろいろトラブルが生じることが多いからだ。たとえば、ゴミの分別をきっちりしない、ゴミを出してはいけない日に出す、一人部屋なのに友達が住み込んでいる、など。食習慣の違いもある。特に油料理の多い国の留学生は、部屋が油で汚れ、契約が終わったあとに掃除してもきれいにならない。アパートのオーナーはマツモトさんが外国人だと知らずに部屋の中を案内したが、あとで外国人だとわかり、急いで不動産屋に電話して断るようにお願いした。)

<ロールシート（マツモトさん）>
　不動産屋に紹介されたアパートに住みたいと強く主張してください。(日本に来て1年半が経ち、日本語も上達し、日本の習慣も少しずつわかってきた。日本語学校で勉強しているので、ほとんど日本人の友達はいないが、日本語の先生が親身になって世話してくれるので助かっている。しかし、自分は日系人なので日本人に似ていることもあり、最初は普通に接していた日本人が、自分が外国人だとわかると急に態度が変わることに嫌な感じを受けている。それが原因で日本人に不信感をもつようになった。この日見たアパートはきれいで、とても気に入った。案内してくれたオーナーも親切そうだ。ぜひこのアパートに入りたい。)

<ロールシート（原田先生）>
　なんとしてもマツモトさんのアパートの契約が成立するようにがんばってください。（日本語教師として5年間の経験がある。普段はおとなしいが、理不尽なことには徹底してがんばる正義漢の強いタイプである。日本語学校でも、異国での勉強にがんばる留学生を親身になってサポートしている。日本は閉鎖的だとは言われているが、自分としてはそれほどではないと思っている。今日もアパートのオーナーが出てきて、親切に部屋の中を案内してくれた。優しそうなオーナーだし、マツモトさんともきっとうまくいくだろう。マツモトさんの契約が結べるように手助けをしたいと思う。）

第11章　異文化受容

<確認チェック10>
(1)（ 5段階 ）　(2)（ 1段階 ）　(3)（ 3段階 ）　(4)（ 2段階 ）　(5)（ 4段階 ）
(6)（ 2段階 ）　(7)（ 4段階 ）　(8)（ 3段階 ）　(9)（ 1段階 ）　(10)（ 5段階 ）

第12章　自分を知る

　教室で行っている場合は、どのような自己開示のグラフになったか、グループ内で見せ合うと面白いでしょう。特に、自己開示が一番高い相手は個人によって異なるため、誰に一番自己開示をするのか確認し合うといいでしょう。

　以下は、教室で行う場合、筆者がやっている手順です。
(1) 用意するもの
　小さなメモ用紙程度の紙（参加人数×グループの人数）を用意します。100円ショップで売っている大きめの暗記用単語カード (133mm×47mm) 65枚入りを使うと便利です。または、A4のコピー用紙（横）を左右に2つに折り、さらにそれを4つに折ると、150mm×50mmぐらいの長方形が

8つできます。この用紙を一番上にして、10枚をまとめてカッターで切ると、80枚の用紙ができます。

(2) やり方
① まず何人かのグループに分かれ、一人ひとりに本人を含むグループの人数分の白い用紙を渡します。
② その用紙のすべてに自分の名前を大きく書き込んでもらいます。
③ その紙をグループ全員に1枚ずつ配ってもらいます（1枚は自分用）。これで、グループ全員の名前の書かれた紙がそれぞれの手元にあることになります。
④ 名前が書いてある裏に、その名前の人のいいところをできるだけたくさん書いてもらいます。初対面の人やあまり親しくない人であっても、その人の様子や見た目の印象などで書いてもらいます。自分についても、よい点を書いてもらいます。あとで、他の人の評価と比較してみるためです。（15分程度）
⑤ 終わったら、名前のあるほうを上にして、それぞれの名前ごとに集めます。
⑥ 自分の名前の紙をもらって、読んでもらいます。
⑦ その後、テキストにある質問に沿って、グループで話し合ってもらいます。

第13章　非言語コミュニケーション

接客マニュアル表

	接客態度
表情・視線	笑顔を絶やさない、明るい表情、相手の目元を見て話す
挨拶	大きな声で挨拶、タイミングのよい挨拶、しっかりとしたお辞儀など
話し方・声 （大きさ・質・トーン）	明るい声、聞き取りやすい声、大きな声、高めの声、抑揚のある声など
身だしなみ	こぎれいで清潔な服装、アクセサリーやネイルは基本的に不可、長髪は束ねるか、ピンで止める
体全体の動き	きびきびとした動作、丁寧な受け渡し、姿勢のよい立ちふるまい、など

解答例

　教室で行う場合、2人に代表してもらい、この接客マニュアルに従って演技してもらいます。次に、店員を演じる人に先ほどの接客マニュアル表に書き入れた非言語行動は一切使わないで、会話するようにしてもらいます。

	非言語行動を使わない接客態度
表情・視線	表情を変えない（無表情）、一点だけを見つめ、視線を変えない
挨拶	お辞儀はしない
話し方・声（大きさ・質・トーン）	声に高低アクセント[1]やトーンを入れない（コンピューターの言葉のように単調な音声）
身だしなみ[2]	————
体全体の動き	ジェスチャーを使わない（顔や体を絶対に動かさない）

(1) 高低アクセントについては、非言語メッセージに含めない考え方もありますが、本書ではパラ言語の一部として扱います。
(2) 「身だしなみ」はどのような格好をしていても非言語メッセージを発するため、ここでは不問とします。

　少しでも表情が入ったり、高低アクセントがあったりしたら、すぐに止めます。たとえば、「あめ」の発音の場合、「雨」と「飴」の違いがわかるようであれば、高低アクセントが入っていることになり、アウトです。高低アクセントのない「あめ」の発音からは「雨」と「飴」の区別は不可能です。高低アクセントのまったく入らないしゃべり方は平板な音だけの連続となり、急にやりなさいと言ってもできないのが普通です。こうして、ちょっとでも高低アクセントが入っていたり、動いたり、笑ったりする度に演技を止めていると、最後は話すことができなくなり、いかに非言語のコミュニケーションが重要であるかを痛感することになります。

種類	日本人に多い非言語コミュニケーションの例
1．身体動作	両腕で×/○を作る（ダメ/OK）、手を左右に振る（ダメ・いいえ）、片手で手招きをする、頭をかく、親指から順に指を折って数を数える、両手の人差し指を頭の上で立てる（怒っている）、両手の人差し指を横に目の下にあてる（泣いている）、お辞儀をする、髪の毛をいじる、電車内で化粧する、人差し指で鼻を指す（自分）、手で笑いを隠す、左手を下に添えて食べ物を箸で運ぶ、手をこする、親指で男性を小指で女性を意味する、こめかみの近くで人差し指を回す（バカ）、親指と人差し指で（おちょこで）飲むしぐさ、両手を合わせる（お願い・謝り）、ピースサイン、聞いているという意味でのうなずき（あいづち）、舌を出す（失敗）、アッカンベー（片目の下を人差し指で引っ張りながら舌を出す）、解答に○×をつける、指切り（自分の小指と相手の小指をからめる）、相手の前を通る時に手刀を切る
2．身体的特徴	黄色人種、小柄で体が細い、髪の毛が黒くて直毛、眼の色が茶色、鼻が低い、目が細い、女性に内股が多い、体毛が薄い
3．接触行動	後ろから肩をたたく、頭をなでる/たたく、人差し指で相手をつつく
4．パラ言語	ハックション（くしゃみの音）、話す時に息を吸う音を立てる（年配の男性）、鼻をすする、手をたたいて喜ぶ、オーバーなリアクション（特に若い女性）、着うた・着メロ、サンダルのすり足
5．空間	対人距離が広い、家の周りを塀で囲む、部屋の空間を共有する（職場や病院の診察室など）
6．人工品	マスクをする、意味が通じない英文が書かれたTシャツ、クールビズ/ウォームビズ・ファッション、着物、リクルートファッション

第14章 アサーティブ・コミュニケーション

　自分のコミュニケーション・スタイルを知ります。ワークシートは質問に答える形で行いますので、必ずしも現実の対応に即していないことがあります。したがって、結果はあくまで参考程度に考えてください。

＜確認チェック11＞
ケース1
　（C）「・・・・・（なによ、この人！）」
　（B）「あの、列の最後はあちらですよ。」
　（A）「あの、並んでるんですけど。割り込むの、やめてもらえませんか。」
ケース2
　（C）「・・・わかりました。（こんなに忙しいのが、わからないの！）」
　（A）「課長、勘弁してくださいよ。この忙しい状況で、もっと仕事をやれって言うんですか。」
　（B）「今、○○をしていて忙しいんですが、どちらを優先したらいいでしょうか？」
ケース3
　（A）「わざわざこの日のために休みを取ったんだよ。もういいかげんにして！」
　（B）「楽しみにしていたんだけどなあ…。じゃあ、許してあげるから、次はたっぷりごちそうしてね。」
　（C）「ええ、そうなの？　わかった。（楽しみにしていたのに…）」

1）帰ってきたら、靴はそろえて置いてほしいな。汚い玄関を見ると悲しいよ。
2）この資料は明日までにどうしても必要なので、できるだけ今日中に仕上げたいんだ。もし忙しくて無理なら遠慮なく言ってほしい。
3）この番組はとても楽しみにしていたんだよ。見られなくて、もうショック…。

第 15 章　多文化共生社会の実現に向けて

<考えよう8>
　皆さんが常日頃から実践している取り組みを披露し、グループ内で共有しましょう。具体的な取り組み事例を思いつかない人は、今後どのような取り組みをしていきたいか考え、グループ内で発表してください。

<考えよう9>
　(1) ジェンダー中立性（ニュートラル）という観点で問題があるという意見があります。「〜さん」は対象の性別を問わずに用いられますが、一般的に「〜君」は男性のみです。しかし、「〜君」と呼ばれたくない男性もいることから、「〜さん」付けに統一する教育現場が増えています。

　(2) 「ホモセクシャル」や「ホモ」と呼ぶのは歴史的に軽蔑的・侮辱的な意味合いを含んでいます。同性に性的魅力を感じる同性愛者「ホモセクシャル」は、昔は「心の病」として認識されていたため、病院等医療機関で使われる専門用語的な（病的な）ニュアンスが強く残っています。ここでは、「ホモかよ」ではなく、「本当に仲いいね」ぐらいの言い方がいいでしょう。

　(3) 「女っぽい」「女性の下着をつけてる」「やだー、気持ち悪い！」は性の多様性を認めない発言です。「男性なのに女性のようで、気持ち悪い」という意味なので、性的マイノリティに対する差別発言になります。女性でも男性用パンツをはく人もおり、どのような下着をつけるかは個人個人の自由になります。

　(4)「女らしい」「男らしい」はこれまでの社会の中で構築されてきた表現です。現代では、様々な女性像や男性像があるわけで、1つの型に押し込むような言い方は慎むべきでしょう。ここでは、その人自身の特性を尊重した上で、「あなたのことをわかってくれる人に早く出会えるといいね」などと言うのが適切でしょう。

<確認チェック１２>

(1) 表・不（女性）

　女性かどうかというのは通常外から判断できるので「表層的」、性別は変えることができないという点で「不変的」となります。ただし、手術などによる性転換は除きます。

(2) 表・不（シニア）

　シニアは、見た目で判断できるので「表層的」、変えることのできない属性なので「不変的」となります。

(3) 深・不（性的マイノリティの生徒）

　性的マイノリティは、内面的な指向であるため「深層的」、性的指向は変えることができない属性であるため「不変的」になります。

(4) 深・不（発達障害をもつ人）

　発達障害の人は見た目だけではわからないため「深層的」、変えることのできない属性であるため「不変的」となります。

(5) 表・可／不（外国人労働者）

　外国人労働者は、一般的に表面的に認識できるため「表層的」、外国人という立場は自国に帰れば変わるため「可変的」となります。ただし、日本に住み続けるという条件では「不変的」と考えることも可能です。

(6) 深・可（自由な働き方を希望する従業員）

　職場環境の好みは表面的にはわからないので「深層的」、自分のライフスタイルは変えることができるという点で「可変的」になります。

(1) 用意するもの

　① マジック（黒・赤・青など）をグループ数

　② Ａ３のコピー用紙

　③ 付箋紙（あまり大きすぎず、メモが書ける程度のもの）

　④ （もし可能であれば）グループ数のホワイトボード

(2) やり方

　手順はテキストのとおりです。

テキストとして使用する教師の方へ

　大学の授業や異文化研修会などで本書をテキストとして使用する場合、感想文を提出してもらうと、異文化に対する考察を深めることができます。本書のような参加型のワークショップは刺激的で授業も楽しく進めることができますが、やりっぱなしのままでは表面的な学びだけで終わってしまいます。講義内容を振り返って自分の経験と重ねて考え、それを文章化することで、多くの気づきや学びを得ることができるのです。大学の授業などで第1章から第15章まで順番にテキストを進める場合は、複数回感想文を書かせることをお勧めします。以下、大学などの授業で行う時の留意点を説明するので、ご参考にしていただけると幸いです。

　「はじめに」でも書きましたように、本書の目的は、異文化コミュニケーションの知識を普段の生活に活かすことであり、学習者に主体的な学びが求められます。しかし、そのような学習スタイルに慣れていない学生が多くいるため、感想文を通して学びや気づきが深まるようにサポートしていきます。

　感想文で重要なポイントは、講義内容に関係する自分の体験や経験を書いているかどうかという点です。そして、そこから気づきや学びを促していきます。教師は、書かれた内容を否定せずに、受講者に気づきや学びが生まれるように気長にコメントを書き込んでいきます。最後の感想文で、全体の授業を振り返り、その人にとっての気づきや学びが具体的に示されれば、授業の目的はある程度達成されたと考えることができます。

　ただし、感想文を書くにあたり、次のような感想文は絶対に書かないように指導します。

・クラスの中でやった講義内容を単にまとめたもの
・自分が感じたことではなく、一般論を記述したもの
・文献をたよりに、理論的なことを書いたもの

　これらの記述は、実践的で主体的な学びにつながらないからです。このテキストの目的は、異文化理解の基礎知識を毎日の生活に応用することです。理論と実践が一体化しなければ意味がありません。したがって、単に講義内容をまとめたり、自分の体験に基づかない一般的な抽象論を述べたり、文献から様々な理論を調べて羅列することは本書の目的から大きくはずれます。

また、教師は必ず受講者の書いた感想文にコメントを書き入れ、次回の授業時に返却します。その場合、受講者の書いた内容を批判したり、否定したりすることは絶対に避けます。どのようなコメントをしたら、受講者の気づきや学びを深めることができるかを中心に、コメントを記入していきます。明らかに間違っていることを書いている場合は、「私は〜だとは思いませんよ。〜ではないでしょうか。」など、柔らかい表現でコメントを書き入れます。また、講義内容を自分の体験を通して考えたり、気づきや学びを書いたりしている受講者にはできるだけほめてあげることが重要です。

　受講者が留学生の場合、日本語の間違いが多くありますが、それには一切触れず、受講者の伝えたい内容を感じ取り、それに対してコメントを書くようにします。この授業は日本語の授業ではないため、日本語は直さないことを授業の最初に宣言しておくといいでしょう。日本語を直されないことを知ると、留学生は自由に自分の意見を書こうとします。少々おかしな文であっても、その意をくんで考えてあげることが大切です。

　感想文の提出がスムーズに行くように、感想文の書き方を次ページにまとめてありますので、コピーして受講者に渡すといいでしょう。

感想文の提出

　感想文は以下の要領で記述してください。

１）講義内容と具体的エピソード
　これまでにやった講義内容の中から好きなテーマを１つ選び、そのテーマに関連する皆さんの具体的な経験や体験を書いてください。詳しければ詳しいほどいいです。複数のテーマを選ぶよりは、１つのテーマにしぼり、内容を掘り下げるように書いてください。
　また、皆さんの経験や体験にはクラス内における話し合いは含まれませんので注意してください。日常生活で自分自身に起きた出来事を書く努力をしてください。

２）気づきと学び
　上記の体験を通して、自分が気づいたこと、学んだことを書いてください。

３）今後への活用
　今回学んだことを今後の生活にどのように活かしていくのか、具体的に書いてください。

　感想文を書くにあたって、以下のような記述は絶対にしないようにしてください。
　　×クラスの中でやった授業内容をまとめたもの
　　×自分が感じたことではなく、一般論を記述したもの
　　×文献をたよりに、理論的なことを書いたもの

　感想文の分量は、Ａ４の用紙に横書きで１枚に収めてください（２枚になる場合は裏面を使う）。ワープロ書きではなく、手書きの場合は、このテキストの239ページ（と240ページ）にある用紙をＡ４サイズに拡大コピーして使ってください。

感想文

氏名＿＿＿＿＿＿＿＿＿＿

講義内容、関連する**具体的エピソード**、**気づき・学び**、**今後への活用**を書いてください。

裏面

解答例

最終感想文の提出

　これが最後の感想文となります。これまでに様々なクラス活動を通して、異文化におけるコミュニケーションについて考えてきました。そして、テキストで紹介した理論は、様々な点で皆さんの生活と密着していることを見てきました。これまでに皆さんが書いた感想文には、皆さんの気づきや学びがあふれています。しかし、これらの学びは皆さん一人ひとりによってすべて異なっています。なぜなら、皆さんの人生も、また、それぞれ異なっているからです。

　この授業の目的は<u>異文化コミュニケーションを毎日の生活に置き換え、そこから学びや気づきを深め、自分自身を向上させる</u>ことにあります。そこには、参加者一人ひとりがみずから学びを求めていく姿勢が必要となります。

　これらのことを理解した上で、第1章から第15章までを振り返り、以下の手順で、この授業を通して学んだことをまとめてください。

1）皆さんがこれまで書いた感想文をもう一度読み返してください。授業とともに皆さんがどのように成長してきたのかを改めて確認することができます。

2）今回の授業を通して皆さん自身が感じたこと、気づいたこと、学んだことを自由に書いてください。

3）2）で書いたことを、これからの皆さんの生活の中で、どのように活かしていったらいいでしょうか。授業で学んだことを今後の人生に役立てるように書いてください。

　最終感想文の分量は、A4の用紙に横書きで1枚に収めてください（2枚になる場合は裏面を使う）。ワープロ書きではなく、手書きの場合は、このテキストの242ページ（と243ページ）にある用紙をA4サイズに拡大コピーして使ってください。

最 終 感 想 文

氏名＿＿＿＿＿＿＿＿＿＿

講義全体を通しての気づき・学び、それらを今後どのように活用するかを書いてください。

解答例

裏面

<索引>

あ行

アイ・ステイトメント　186
アイデンティティ　43, 146
アウティング　200
アクティブリスニング　185
アサーティブ・コミュニケーション　182
アセクシャル　199
アライ　200
アンコンシャス・バイアス　99
安定期　59
いいとこさがし　161
異文化　19
異文化交流　20
異文化受容　144
異文化適応　55, 58
異文化トレーニング　132
異文化理解　19, 21
イメージ　97
インクルーシブデザイン　202
インクルージョン　202
インターセックス　199
エイセクシュアル　199
オープンエンド型の質問　185
思い込み　94

か行

階級差別　106
価値観　118
カテゴリー化　96
可変的ダイバーシティ　203
カミングアウト　200
カルチャー・アシミレーター　135
カルチャーショック　59
環境　82
逆カルチャーショック　63
共感のアサーション　186
クィア　199
空間　174
グラウンド　81
グローカル化　206
ケーススタディ　132
行動　80
高文脈文化　122
五月病　57
国際化　205
個人主義　119
個人的側面　50
固定観念　94

さ行

錯視　83
サブカルチャー　42
差別　106
地　81
自己開示の窓　156
実験授業　111
視点　81
自文化中心　144
自文化中心主義　48
シミュレーション　71, 138

自民族中心主義　48
社会差別　106
社会的弱者　197
集団主義　119
常識　33
ジョハリの窓　156
人工品　174
人種差別　107
深層的ダイバーシティ　203
身体的特徴　173
身体動作　173
図　81
スキーマ　96
ステレオタイプ　98
ストレートアライ　200
性悪説　120
性自認　198
性善説　120
性的マイノリティ　199
接触行動　173
早期適応教育　195
ソジ、ソギ　200

た行

ダイバーシティ　202
多重被災者　197
多文化共生社会　194
多文化人　42
多文化ダイアグラム　42
多様化　21
ディブリーフィング　73

低文脈文化　122
適応期　59
適応・ストレス・成長のダイナミクス　64
トータルカルチャー　42

な行

日本文化　30

は行

バーンガ　71, 72
ハウジングファースト　197
発想の転換　85
ハネムーン・ステージ　59
パラ言語　174
ハラル料理　196
パンセクシャル　199
非言語コミュニケーション　170
非常識　33
秘密の窓　156
氷山モデル　30
表層的ダイバーシティ　203
ファイリング　95
ファシリテーター　72
フィギュア　81
婦人と老婆　81
普遍的側面　50, 51
不変的ダイバーシティ　203
ブレーンストーミング　205
文化　27, 29
文化的側面　50
文化の特徴　45

ポリクロニック　123

ま行

マイノリティ　194
マジョリティ　194
見えない文化　30
見える文化　30
未知の窓　156
無意識の偏見　99
盲目の窓　156
モノクロニック　123

や・ら・わ行

やさしい日本語　195
優生思想　196
ユニバーサルデザイン　202

ユニバーサル・ヘルス・カバレッジ　197
らせん型の適応　64
リエントリーショック　63
ルビンの壺　81
レイシャル・プロファイリング　98
ロールプレイ　137
わたし文　186

欧文

D＆I　202
DIEメソッド　133
LGBTQ　199
SOGI　200
U字曲線　58
W字曲線の適応　63
Xジェンダー　199

著者紹介

原沢 伊都夫（はらさわ・いつお）

1954年山梨県甲府市生まれ。明治大学文学部文学科卒業後、オーストラリア国立大学グラジュエイト・ディプロマ課程（応用言語学）修了、同大学院修士課程（日本語応用言語学）修了。現在、静岡大学名誉教授。専門は日本語教育（文法、異文化理解、言語学）。著書に、『考えて、解いて、学ぶ 日本語教育の文法』『日本語教師のための入門言語学——演習と解説』（以上、スリーエーネットワーク）、『日本人のための日本語文法入門』（講談社）、『多文化共生のための異文化コミュニケーション』（明石書店）などがある。ホームページ（原沢伊都夫研究室）は https://nihongo-kyoiku.com。

異文化理解入門［改訂版］

2013年7月1日　初版発行
2024年9月30日　改訂版発行
2025年4月30日　改訂版2刷発行

著　者　　原沢 伊都夫
　　　　　Ⓒ Itsuo Harasawa, 2024

発行者　　吉田 尚志

発行所　　株式会社　研究社
　　　　　〒102-8152　東京都千代田区富士見2-11-3
　　　　　電話　営業（03）3288-7777（代）　編集（03）3288-7711（代）
　　　　　振替　00150-9-26710
　　　　　https://www.kenkyusha.co.jp/

印刷所　　TOPPANクロレ株式会社

装丁・デザイン・DTP　　株式会社イオック（目崎智子・岩下裕美）

イラスト　　株式会社イオック（赤川ちかこ）

4コマ漫画・装画　　くりきあきこ

ISBN 978-4-327-37752-6　C1036　Printed in Japan

KENKYUSHA
〈検印省略〉

価格はカバーに表示してあります。
本書のコピー、スキャン、デジタル化等の無断複製は、著作権上の例外を除き、禁じられています。
私的使用以外のいかなる電子的複製行為も一切認められていません。
乱丁本、落丁本はお取替えいたします。ただし、中古品についてはお取替えできません。